丰都洪门拳第一代宗师朱道人

(1872—1958)

武当流通门武功创派祖师余卜

(1915—1970)

武当流通门一代宗师况永林
(1917—2015)

凌召拳姿(白虎坐洞)

流通门创派祖师佘卜使用过的练功器具“星辰礅”

凌召与恩师合影(2002年)

证书照片

凌召与早年的部分弟子合影近照(2019年正月初二)

武当流通门点穴秘谱

图书在版编目(CIP)数据

武当流通门点穴秘谱 / 凌召编著. -- 武汉：湖北科学技术出版社, 2017.11（2025. 2重印）
ISBN 978-7-5352-9741-9

Ⅰ. ①武… Ⅱ. ①凌… Ⅲ. ①点穴-中国 Ⅳ. ①G852.4

中国版本图书馆 CIP 数据核字(2017)第 258044 号

责任编辑：谭学军　　装帧设计：曾雅明

出版发行：湖北科学技术出版社　　电　话：027-87679468
地　址：武汉市雄楚大街 268 号（湖北出版文化城 B 座 13-14 层）　　邮　编：430070
网址：http://www.hbstp.com.cn

印　刷：长沙鸿发印务实业有限公司　　邮　编：430070

700×1000　1/16　14.5 印张　2 插页　230 千字
2020 年 6 月第 1 版　　2025 年 2 月第 2 次印刷

定价：49.00 元

《武当武术大典》编辑委员会

序

点穴术由来已久，在武林界被尊为秘技，向来不轻易示人。特别是它的理论精深而多隐讳，门外者想洞悉其含义而结合实战以求真知确非易事也。古时武人多不善文，习技只凭心传口授，致误解讹传事颇多，失传者更是屡见不鲜。在那文武并进的一些门派中虽尚存真迹，但也是一代只传一人！由于资质悟性所拘，造成代不如人者多如牛毛。特别是在火器盛行之后，冷兵肉搏似的武术失去了昔日的辉煌，法制社会的太平天下，武术走上了以锻炼身体为唯一目的之路，致使众多传统门派拳种失传失真。直至20世纪80年代的改革开放，政府提倡挖掘整理传统文化，其间武术也被列为重要项目，同时，点穴术成了一个热点。但由于挖掘整理的人们并非真正的某派传人，对其真实内蕴不甚透解，参考的资料均为照猫画虎辗转传抄，以致错讹百出，有的人还自作聪明望文生义地擅自增减涂改，在武林界中形成了有其名而无其实的公案。

笔者在得到恩师《流通门札记》的数年之后，时时跟恩师探讨点穴术的问题，恩师总是笑而不答。直到1998年，笔者整理的《流通门武术》由《武当》杂志以专辑面世后，恩师给了我一册手写本《流通门穴谱》。该谱分为上、下两篇，上篇“三层九步诀”；下篇“伤科要术”。全册不过千余字，里面全是一些歌诀，没有图，也没有过多的文字解说！我反复研读，将里面的内容跟手中所藏拳谱对照，迥然不同，问及恩师时，他只说“你自己去研究吧”！

2001年时，我用流通门故有技击法理论将《天罡死穴》图解，在《武当》杂志上连载。拿给恩师看的时候，师父只是笑道：“哗众取宠……打穴不过是下乘之法。”我一听之下，心中窃喜，“抛砖引玉”之计成矣！于是，敬师更勤，得其耳提面命，口传心授！

此后始知点穴术也分三乘，击打点戳为下乘；拿穴为中乘；按穴才是上乘……

人生有限，道艺至深，笔者三思之余，将师传《流通门穴谱》进行全面图文精解，特别是对三十六大穴的伤后治疗药方进行了细致的考究（注：明代最早的伤科专著——《救伤秘旨》这部书都没这些内容），遂全忘吾识之孤陋，始续貂以裁狗，继付枣而登梨，独思偌大乾坤，应有知音之客；如斯世界，岂无见性之人？聊以此稿付梓酬武林之诸君，造福芸芸矣！

丰都凌召　谨识于癸未仲春

前　言

点穴术，可以分为医学点穴和武术点穴两种。

医学点穴和武术点穴都是气功的实际应用。医学点穴通常与按摩针灸等结合起来，为患者治病疗伤。其作用多是药物难以达到的。武术点穴则是在搏击之中，使敌方气血阻塞，以致晕眩，四肢不能举动，甚至死亡的一门技术。

医学点穴和武术点穴的基础理论是一致的。两者都把中医经络学、子午流注等，当作各自的基础理论。而这些理论都是中医学理论，所以可以这样认为，二者乃同出一源。而武术点穴又是从医学点穴的理论基础上发展而来的。

按照我国古代经络学说和中医针灸取穴理论，人身之上，至头顶至脚跟，五寸一大穴，五分一小穴，按穴道相连之系统共分十二条正经（包括手太阴肺经、手阳明大肠经穴、足阳明胃经、足太阴脾经、手少阴心经、手太阳小肠经、足太阳膀胱经、足少阴肾经、手厥阴心包经、手少阳三焦经、足少阳胆经和足厥阴肝经）。元代滑伯仁在《十四经发挥》中特将八脉（即任脉、督脉、冲脉、带脉、阴跷脉、阳跷脉、阴维脉和阳维脉）中的任督二脉和十二经并列为十四经。人体周身上下沿十四经络分布穴位，据最古老记载穴位数量的《黄帝内经》计有 365 个穴。武术技击中的点穴术，则是从这众多穴位中取出 36 个致命穴位，作为主要攻击点。《三十六大穴歌》有云："五指一撮劲如山，运气凝神鹤嘴间；麻哑死晕三十六，穴道分明莫错看。"

那么，武术点穴中的晕、麻、哑、死的穴位是怎么回事呢？

根据中医学理论，人体各个穴位均分属于各条经络，而经络又归属于一定的脏腑；所以，某一穴位受伤后势必影响到某条经络，某个脏腑的功能失调而出现一系列相应的病症。例如用点穴术击伤少海穴后，因少海穴属于手少阴心经，势必导致心气不足，影响心脏功能，就会出现心烦、惊悸、少寐、多梦等心神不宁的症状，严重者还可能出现昏睡、昏迷、痴呆、谵语、狂躁等精神失常的症状。另外，心气不足时可使血行瘀滞，出现面色青紫发绀，四肢不温，甚至出现眩晕、神疲、气短、汗多等症状。如用点穴术伤天鼎穴后，由于天鼎穴属于手太阴肺经，势必导致肺气不足，影响肺脏功能，引起呼吸功能减弱，而且也会影响真气的生成，从而导致全身性气虚，出现体倦无力、气短、自汗等症状。如果肺气在水液调节方面失于宣散，就会形成腠理闭塞无汗等症状；失于肃降，就会出现水肿，小便不利或尿少等症状。如用点穴术点伤乳根穴或腹结穴后，由于乳根穴属于足阳明胃经，腹结穴属于足太阴脾经，因脾升的是清气（水谷精气），胃降的是浊气。清气不升，可导致浊气不降，浊气不降也会影响清气不升。因此，就会出现食欲不振、脘腹饱胀、恶心、嗳气、消化不良、腹泻、舌苔厚腻等症状。正由于点穴术所击点之穴位不同，影响到经络脏腑不同，所造成的一系列病症和后果也就不同。这就是武术点穴中麻哑晕死等穴区别划分的原理所在。

武术中的点穴术，十分强调按时点穴。按照我国古代经络学说，人体一身的筋骨，都有一定的位置，所属的经络，也是丝毫不紊。而气血的运行更有一定的途径和时间，即什么时辰气血流在哪一经络，都有一定的顺序。人体血液的循环及内气的运行，均发源于心脏，从子时起，按照日夜十二时辰周流于十二经内（任督二脉则不分时辰），首尾相贯你，循行不已，阴经阳经互相连接，一脏一腑互相络属。如此循环，周流不息，以调节营养，联系周身。而人体的穴位在一天中随着气血的循环（即时间的变化）或打开（开）或关闭（阖）。比如说：辰时，人体气血走足阳明胃经，胃经上的穴位如乳中穴、人迎穴，就按照规律打开，被称为“实穴”（所谓实穴，即指气血刚到达之穴）。而此时其他十一经的穴位则阖，被称为“空穴”（所谓空穴，即指气血未达，或气血已过之穴）。若此时用点穴术点击乳中穴或人迎穴，此两穴就由“开”转为“阖”，气血因受压刺激而停顿阻滞，不能流行，从而引起全身各部麻木，不能动弹。因此，在辰时点击乳中穴或人迎穴，比在其他时辰点击，技击效果就会明显得多。这就是点穴术中“按时点穴”的原理。在《点穴歌诀》中有此类似之说法：“人身之血有一头，日夜行走不停留，遇时遇穴如伤损，一时不治命皆休。”这种气血按时辰运行的理论，在古代“九宫图”“灵龟八法”“子午流注法”及近代的“生物钟”理论中，都有一样的体现。

懂得一个穴位的性质而未懂得点穴手法，不能算会点穴。如合谷穴，不少人都知道它是一个麻穴，但在技击中要拿穴使之生效却并不是谁都会的。拿该穴的手法是：以我之右手掌心贴住敌方之右掌背，用右中指扣点其合谷穴，以拇指紧握其掌心，用力顺时针方向反拧，当敌人用力反抗时，合谷穴之筋往外撇，整条手臂产生有如轻微触电般的软麻感，易于为我所擒。如果敌不用力反抗，软麻感则不会那么强烈。几十个穴位，有以手指点打的，拳直击的，掌拍的、插的和用拿法的，还有应用敲击或较复杂手法配合的。如唐代医家孙思邈一指之智使尉迟恭折服：相传唐太宗的一个宠妃患疑难大症不育，御医束手无策。于是，唐太宗诏来民间道医生孙思邈施治。果然妙手回春，皇妃庆得一男。太宗叹曰：“朕身为天子，难全妇人之命，孙思邈乃神医也！”并亲赐御袍。大将军尉迟恭闻知此事，心中愤然不平：好你个孙思邈，不过区区布衣郎中，怎能同我拼搏疆场的大将比肩，还能受皇赏赐？在孙思邈披袍骑马出城时，尉迟恭策马追上，大喝一声："呔！孙思邈，将御袍留下。"孙思邈闻声勒住马缰，拱手施礼道："老元戎，此袍是皇上亲赐，不敢从命相送，如将军非要不可，请亲手来取吧！"尉迟恭听得是怒火上冲，口称"谁个不敢取！"便探身伸手去抓御袍。这时，他突然觉得左臂伸缩不灵，身子晃得几晃，怪叫一声坠下马来。孙思邈拱手道："老元戎受惊了，稍息片刻即可复原"。说完扬鞭而去。一位有万夫不当之勇的大将，何以败在文弱医生之手呢？原来，孙思邈用的就是点穴法，隔袍点中尉迟恭的左章门穴。从而可知，点穴术的手法是何等厉害。

点穴术的取穴方法同于针灸取穴法。医家以北宋针灸考据家王惟一创铸的针灸铜人作为学习认穴取穴的教具。拳家亦以此作为取穴的准绳。黄宗羲《王征南墓志铭》云："征南搏人，皆以其穴，一切如铜人法。"可是，在拳家传述的穴位名目中，也有一些是在针灸铜人身上找不到的名目。这可能是拳家在搏击过程中发现的人身要害，也可能是根据实战效果另取了形象性的名目，也可能存在一些臆造的穴名或方言俚语之故。如唐豪《人身穴道并治疗法》的介绍："重创腰眼穴，可致发笑不止。"此腰眼穴则有以形取名笑腰穴，现在有称此为京门穴，也有说是肾俞穴。另外还有同穴异名之分，如头顶百会穴，有称泥丸宫，有称天心穴。如此种种，难以尽述。

拳家们认为，要认准穴、取准穴，先应练习内功，体验经络气血的运行与开阖，然后循经取穴，才能心目洞明。并且，对自身穴位受击后能产生自救自解的帮助。

关于点伤穴位后的救治原则，在点击某穴后，可用手法将所闭之穴开启，使受阻经络畅通，气血循行。中医学认为，人体平时营、卫、气、血保持着平衡，周流全身，循环不息，营养和护卫着人体，维持着正常的生理功能。如果营卫气血发生了偏盛偏衰，或者循行发生障碍，就可发生疾病。如《黄帝内经》云："邪之所凑，其气必虚。"意即卫气虚弱的时候，人体就容易被外邪侵袭。又说："通则不痛，痛则不通。"这里指营卫气血循行发生障碍时，产生痛的原因。针对这引起疾病的原因，中医按摩就应用各种手法，补虚、泻实、祛邪、扶正，以使营卫气血的偏性得到纠正，循行得到畅通。所以，在点穴术按摩（亦称解穴手法）时，首先要辨别出哪个穴位被点，哪条经络受阻，哪个脏腑受损。然后，随着经络的顺逆方向，应用各种补泻手法，推经络走穴道，进行按摩，使经络通畅功能恢复，而调整人体内部脏腑的功能。如气门被侧插掌击伤，可揪其发，伏于膝上，再在其背中轻敲挪运，则气出复苏。京门穴受伤，先泻三阴交，再补合谷的手法，按"泻六补九"原则，用大拇指侧缘下刮三阴交六下（泻法），然后再上推合谷九下（补法），双手同时进行操作，可疏通全身经络之气。

按点穴术的"闭穴过火"之说，被闭塞之穴道经按摩手法解开之后，人体诚然脱离了生命危险，但由于穴位经络闭塞时间过久的缘故，气血离开它本来应该到达的部位（经络）太远，势必影响其每天固定的时辰运行。这样，难免对身体各个部位有所损害。所以，在用一系列按摩手法（解穴手法）解开被闭之穴道后，还必须取用一些药物，使调和人体气血按时到达某部，不致有余伤之患。

综上所述，点穴技击术是一门非常难练的功夫。曾经有些拳家指出，由于指力难练，取穴不易（尤其是在搏斗时，更难击准敌方穴位），认为"小眩技巧以骇庸俗则可，游动斗殴以制敌人则难"。这种说法有失偏颇，甚至有些无知。点穴法并非无用，只是深奥难练成。功成者不但可以用于技击伤敌，也可用于治病救人。

历来点穴术都被技击家们视为镇门秘技，有传子不传女，传内不传外的传统，或一师只传一个弟子；练武者以武德为荣，忌仗势欺人，不轻易传人，这是原因之一。另外，点穴术以经络学说为理论依据，经脉和经穴非常繁杂，要掌握和运用它，实属不易，更难的是功法太繁，难于练成。功诀有曰："三寒一乘功、九载功必成，存有半心意，久久功不成"。并要求行气、练桩、拳脚、招式运用，首先要意动，次气行，再形动；点穴时气到力发，在瞬间完成，方能奏效。因此，武功、资质一般者，难以学会。新中国成立后，武术技击很少有实战的机会，点穴术自然也不例外，有"一二手"者也不愿意公开。所以，此项绝学几乎濒临失传。

点穴术及救治验方有悠久的历史，是一门学问，我们应该重视研究。要用科学的方法系统地整理总结。为了此技不至湮灭和失去真谛，笔者将师传《流通门穴谱》整理成文，供有缘之人参研。人生有限，道艺至深，在未进入正文之前，我想告诉大家，世人所传之法颇多，鉴别识好坏，实践出真知，我们爱好者只要以科学客观态度不存私见，虚心、苦求、择善、实练是会学而有成的。

武当流通门的点穴术与世面所传之法有所不同。在中医针灸中，人体的穴位名称就有 720 个，经络学说中常用的也有 360 多个，这些穴位有如日月星辰，比较分散。用于技击点穴的穴位，民间说法有 108 个，其中 36 个死穴，72 个非死穴。但也有 12 死穴、24 死穴之说。据上而言，很可能是应道家的三十六天罡、七十二地煞、十二时辰、二十四节气之数吧。而流通门所传的 36 穴（亦称天罡死穴），则是将人体对称的双穴亦作为一穴，以此而论，在武术技击中常致命者绝非世间流传所言的 36、72 之数。

今将《流通门穴谱》深奥而秘的内容献出，其分为三层功夫，九步练法。一至三步练法为第一层功夫；四至六步练法为第二层功夫；七至九步练法为第三层功夫。

目　录

下篇·武功伤科要术

上　篇

流通门穴谱三层九步精解

一、认穴法精解(一步练法)

"认穴"为武当流通门穴谱的第一步练法。

点穴一术,其攻击目标就是穴位,所以首先要详知各大要穴之准确位置,方能依其定时,举手投足而封闭之,方始有效。否则,有如盲人摸象,无的放矢,绝难有成功之望也。

首先,要将全身各个要穴的位置和名称认清认准,不但要随口说出其具体部位,并能伸手即可摸准,百无一误,方算功成。

(一)流通门天罡死穴歌诀

武林穴法自古秘,传抄流转错讹偏。
悉知死穴在何处,人身经络仔细寻。
道家天罡三十六,堪破玄机刻心间。
子午流注明道理,灵龟八法时辰分。
致命穴位六六定,阴阳燮理机其变。
数术妙法多精邃,流通真谱传与君。
头乃六阳诸首领,重击震髓皆要命。
一指取效八卦位,百会神庭印堂连。
人中耳门太阳穴,脑后风池并哑门。
颈部咽喉加人迎,前胸四穴要认真。
膻中穴下连鸠尾,两旁乳中膺窗平。
脘腹胁肋共五行,巨阙商曲期章京。
小腹聚精要穴六,神阙气海元宫轮。
中极曲骨腹结跟,督脉一线须留神。

灵台命门尾闾并，下寻直进海底源。
俞穴有四仔细听，肺肾厥阴气海并。
臀部两旁乃环跳，志室穴连两腰肾。
涌泉穴注两足心，记之纯熟千万遍。
只学穴法不练技，徒费心机枉费神。
移身换影圆中圆，多习一技不压身。
死手活法皆需研，岐黄之术出圣人。
武技首当德为先，济世活人留美名。

(二)天罡三十六死穴位置精解

认穴不仅仅是记住各大要穴的名字，重要的是把位置搞清楚、记清楚，认准在人身什么地方，练到一触可及，不差分毫，方算功成，否则差之毫厘，谬之千里！（图 1–1~ 图 1–3）

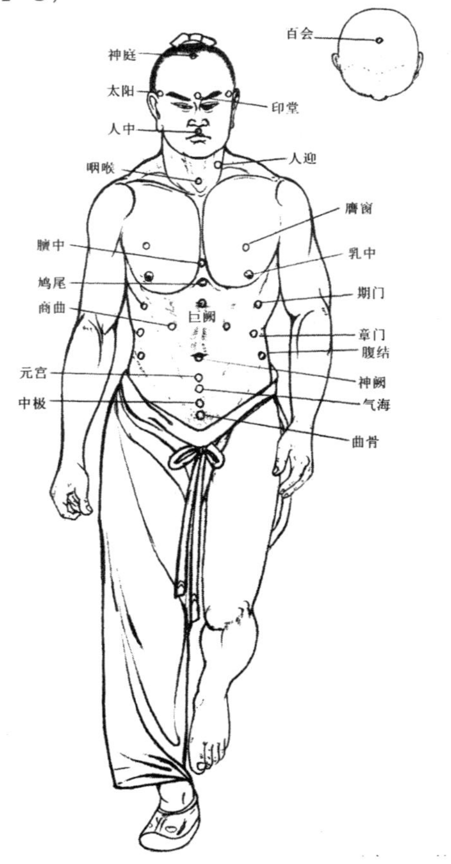

图 1–1 天罡死穴正面图

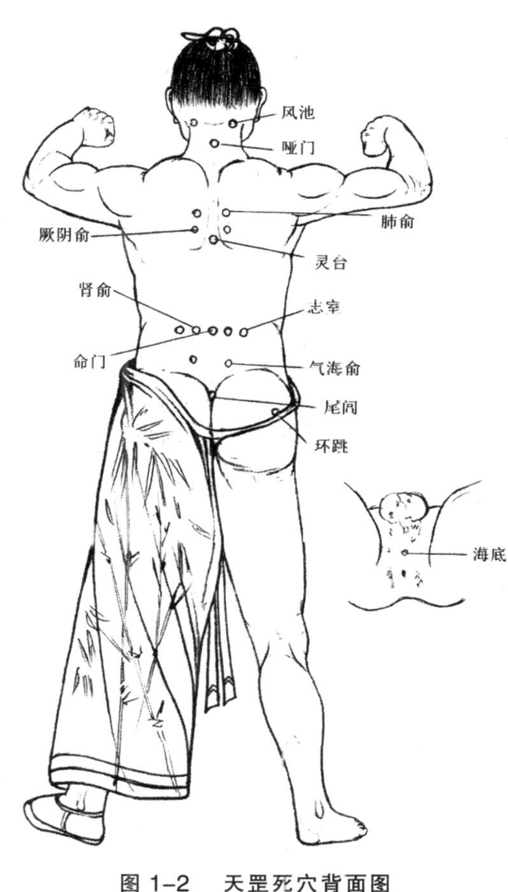

图 1-2　天罡死穴背面图

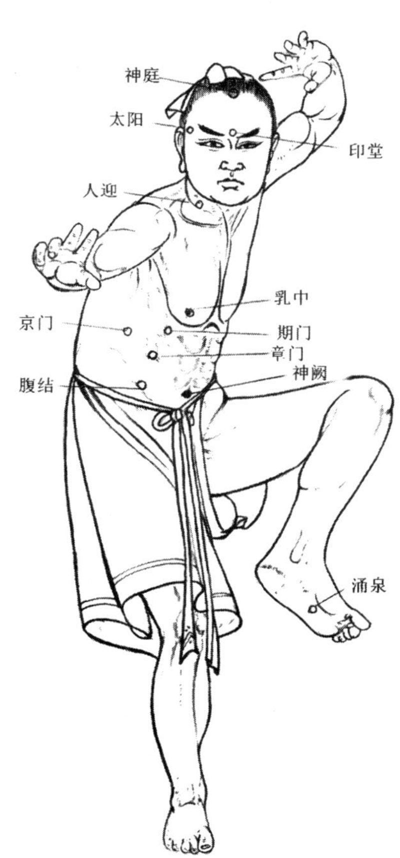

图 1-3 天罡死穴侧面图

1.头部

(1)百会穴:百会穴为奇经八脉中督脉的俞穴,又是督脉与足太阳膀胱经交会之穴,又名泥丸宫。位置在头顶正中线与两耳尖连线的交点,顶中央旋毛处。

(2)神庭穴:神庭穴属足厥阴肝经俞穴,也是督脉与足太阳、足阳明经的交会穴。位置在头前额正中线,入发际五分处。

(3)印堂穴:印堂穴属于经外奇穴之一。其部位在两眉间正中线与人体正中直线交叉点的凹陷处,又称为眉心穴。

(4)人中穴:人中穴是任督之会穴,在鼻下二分处,又名唇沟。

(5)耳门穴:耳门穴属手少阳三焦经穴,位置在耳前,耳屏前方,耳屏与下颌小头后缘之间凹陷处,左右各一穴。

(6)太阳穴:太阳穴是人体经外奇穴之一,位置在眉梢与外眼角连线中点向后移约一寸凹陷处,即眼后凹,左右各一穴。

(7)风池穴:风池穴属足少阳胆经之穴,位置在头后耳后颞颥后,脑空下发际陷中,督脉风府穴的外侧处,左右各一穴。

(8)哑门穴:哑门为督脉,系督脉与阳维脉之会穴。在头后正中线,后颈窝正中,发际边缘。

2.颈部

(1)咽喉穴:咽喉穴是任脉的经穴,亦为任脉与阴维脉的交会穴。位置即脖子下之喉结。

(2)人迎穴:人迎穴是足阳明胃经的俞穴,也是足阳明胃经与足少阳胆经的交会穴。位置在颈前部任脉喉结旁一寸五分动脉处,穴点正好在颈动脉三角内区,左为人迎,右为气口。

3.胸肋腹部

(1)膻中穴:膻中穴属奇经八脉中任脉的俞穴,又为心包络的募穴,亦是八会穴之一。位置在人体中线任脉的中部,前胸平第四肋间隙,即两乳头中间凹陷处。

(2)鸠尾穴:鸠尾穴属奇经八脉中任脉的络脉、膏肓原穴。位置即当胸之歧骨向下悬垂如舌之骨,即鸠骨,在胸之正中,骨下五分处。

(3)乳中穴:乳中穴属足阳明胃经的经穴,位置即乳头中央部。

（4）膺窗穴：膺窗穴属足阳明胃经的经穴，位于乳中上方，胸骨中线第三肋间，任脉旁开四寸，左右各一穴。

（5）巨阙穴：巨阙穴属奇经八脉中任脉的络脉，系心之募穴；位置在胸前正中线鸠骨下一寸处，脐上六寸处。

（6）商曲穴：商曲穴属足少阴肾经，系足少阴与冲脉的交会穴；位置在脐上二寸之上脘穴旁开五分处，左右各一穴。

（7）期门穴：期门穴属足厥阴肝经的经穴，并为肝的募穴，亦是阴维脉与足厥阴肝经、足太阴脾经的交会之穴。位于乳头直下二三肋间，左右各一穴。

（8）章门穴：章门穴属足厥阴肝经的经穴，又是足太阴脾经的募穴，为八会穴之一，亦为足厥阴肝经与少阳胆经的交会之穴。位置在腹侧部第一浮肋前端，屈肘合腋时约当肘尖尽处，即第十一肋下端，脐上两寸再横开八寸之处，左右各一穴。

（9）京门穴：京门穴属足少阳胆经的经穴；位于体侧腰部，约在第十二肋骨游离端下际处，左右各一穴。

（10）神阙穴：神阙穴属奇经八脉之任脉的经穴；即腹部之肚脐也。

（11）气海穴：气海穴属奇经八脉中任脉的经穴；位置在腹中线任脉小腹部脐下一寸五分处。

（12）元宫穴：元宫穴又名丹田，是奇经八脉中任脉的经穴，又为小肠之募穴，也是足太阴、足少阴、足厥阴三阴经与任脉的交会之穴。位置在小腹正中线脐下三寸处。

（13）中极穴：中极穴属奇经八脉中任脉之经穴，系足三阳、任脉之交会，膀胱之募穴。位于体前正中线，脐下四寸处。

（14）曲骨穴：曲骨穴属奇经八脉中任脉的经穴，系足厥阴肝经与任脉交会之穴；位置在腹下部耻骨联合上缘上方凹陷处，在体中线任脉中极穴下一寸，毛际陷中处。

（15）腹结穴：腹结穴属足太阴脾经的经穴；位置在小腹侧，上对直两乳，夹任脉旁各四寸，肋骨下一分处，左右各一穴。

4.背腰部

（1）灵台穴：灵台穴属奇经八脉中督脉的经穴，又名肺底；位置在后背正中线督脉第六椎节至第七胸椎棘突之间，与膻中穴正对处。

(2)命门穴:命门穴属奇经八脉中督脉的俞穴;位于腰部正中线,第二腰椎与第三腰椎棘突之间,即十四椎节下间,正对肚脐处。

(3)尾闾穴:属奇经八脉中督脉的经穴,是足少阴肾经与足太阳膀胱经之结合,位置在脊骶端,尾骨尖下五分处。

(4)海底穴:海底穴是任脉的经穴,为任、督、冲三脉所起之处,位于会阴部正中点,男子在阴囊根部与肛门之间正中线中点;女子在大阴唇后联合与肛门之间正中线中点。

(5)肺俞穴:肺俞穴属足太阳膀胱经的俞穴;位于人体背部第三胸椎棘空旁开一寸五寸处,左右各一穴。

(6)肾俞穴:肾俞穴属足太阳膀胱经的俞穴;位于腰部,离腰正中线督脉约一寸五分,即命门穴之左右各开一寸五分处。

(7)厥阴俞穴:厥阴俞属足太阳膀胱经俞穴;位于人体背部第四胸椎棘突下旁开一寸五分处,左右各一穴。

(8)气海俞穴:气海俞穴属足太阳膀胱经的经穴;位于第三腰椎棘旁开一寸五分处,即肾俞穴下,左右各一穴。

(9)志室穴:志室穴属足太阳膀胱经的络穴,亦是肾经与膀胱经的交会穴,位置在第十三椎下两旁,离背中线各三寸,即命门穴旁开三寸处,左右各一穴。

5.臀足部

(1)环跳穴:环跳穴属足少阳胆经的经穴,也是足少阳胆经与足太阳膀胱经的交会之穴。位置在股骨大转子最高点,即正当股骨大转子顶点与骶骨裂孔的连线外三分之一与中三分之一的交点处,左右各一穴。

(2)涌泉穴:涌泉穴属足少阴肾经的井穴;位于足掌心陷中处,即足趾跖屈时呈凹陷处,左右脚各一穴。

以上共为 36 个要穴的认识,必须细心详记,不要认为名字容易记住就行,而是要将位置记清楚,不可有丝毫的差错,做到准确无误,才能进入第二步的学习。

二、寻径法精解（二步练法）

寻径法为流通门穴谱的第二步练法。所谓寻径，即寻究气血流行之途径。

点穴术所点的穴位须在实穴，而不是空穴。空穴，是指气血之头未至或已过之穴位。如果点击空穴，虽指头功夫可以洞肉，也不能达到点实穴时的应手奏效致其瘫软。所以，只有点其气血之头，阻其运行，才能事半功倍。

要达此境，除知穴道真位所在之外，还要寻根究底，即了解与熟识人身气血流行的途径，搞清楚何时辰气血之头当达何穴，何时辰气血头过某处，然后再依时辰之变化，点击应点之穴，则气血之头被阻滞，前行不得，退又壅塞，而致敌气血紊乱。

气血的运行，本就有一定的路程，十二时辰合于十二经，而十二经所属之穴，亦应十二时辰，如某时气血之头，应在某穴。若未及某时一刻，或已过某时一刻，则气血头之所在，就不难推求而明白了。

熟读诀谱，于气血循环之理寻根究底，是向上逆行，还是向下顺行，还是向旁横行，已到何经，已到何脉，已到何穴，如此种种心知肚明，临敌之际方能得心应手，出奇制胜。

此法之学，首先就是熟读谱诀，深究其循环之理。

（一）地支十二经流注歌

每日寅时从肺起，卯时流入大肠经，

辰胃巳脾午心火，未时应注小肠经，

申属膀胱酉属肾，戌走包络亥焦宫，
子胆丑肝寅又肺，十二经脉周环行。

【精解】

人有十二经，昼夜有十二时辰，一经主一个时辰。古代把一日（白天和夜晚）分为12个时辰，按现在24小时折算，古代的一个时辰正好是现代的两个小时，即从子时算起，现在的23点至凌晨1点为子时，其中零点（24点）为正子时。凌晨1~3点为丑时。3~5点为寅时。5~7点为卯时。7~9点为辰时。9~11点为巳时。11~13点为午时。13~15点为未时。15点~17点为申时。17~19点为酉时。19~21点为戌时。21~23点为亥时。同时又将一个时辰分为八刻（上四刻和下四刻）

人身气血的运行是寅时（即凌晨3点）从中府注入手太阴肺经，途经十一个穴位，于卯时（即5点）交于手阳明大肠经；又途经手阳明大肠经的二十个穴位，于辰时（即7点）交于足阳明胃经；又途经足阳明胃经的四十五个穴位，于巳时（即9点）交于足太阴脾经；又途经足太阴脾经的二十一个穴位，于午时（即11点）交于手少阴心经；途经手少阴心经九个穴位，于未时（即13点）交于手太阳小肠经；途经手太阳小肠经的十九个穴位，于申时（即15点）交于足太阳膀胱经；途经足太阳膀胱经的六十七个穴位，于酉时（即17点）交于足少阴肾经；途经足少阴肾经的二十七个穴位，于戌时（即19点）交于手厥阴心包经；途经手厥阴心包经的九个穴位，于亥时（即21点）交于手少阳三焦经；途经手少阳三焦经的二十三个穴位，于子时（即23点）交于足少阴胆经；途经足少阳胆经的四十四个穴位，于丑时（即凌晨1点）交于足厥阴肝经；途经足厥阴肝经的十三个穴位，于寅时（即3点）交于手太阴肺经。至此则又从肺经起，此十二经与十二时辰相循环而生生不息也。

穴法，为制人武技，与医学紧密相关，其理深奥，非精心研练者，难通其术。故武林中有句行话："打穴容易，认穴难。"人身十四经三百六十五穴，气血沿经络循环一周，气血必经行一度，其经行则以十二时辰为准，按时打穴，方可取效。

(二)十四经穴气血流注解

1.手太阴肺经(图2-1)

【歌诀】

手太阴肺十一穴,中府云门天府诀。
侠白尺泽孔最存,列缺经渠太渊涉。
鱼际少商如韭叶,左右二十二孔穴。

【精解】

此一经起于中府,终于少商。左右共22穴。

起于中焦胃部,向下联络大肠,回绕胃的贲门部,上贯串隔膜,会属肺脏,从气管、喉咙部横出腋下,下向肘中,沿前臂内侧桡侧缘,入腕后桡动脉部,沿大鱼际的边缘,出拇指的外侧端。其支脉,从腕后走食指横侧缘,达尖端,与手阳明大肠经相接。此经多气少血,气血寅时注入。

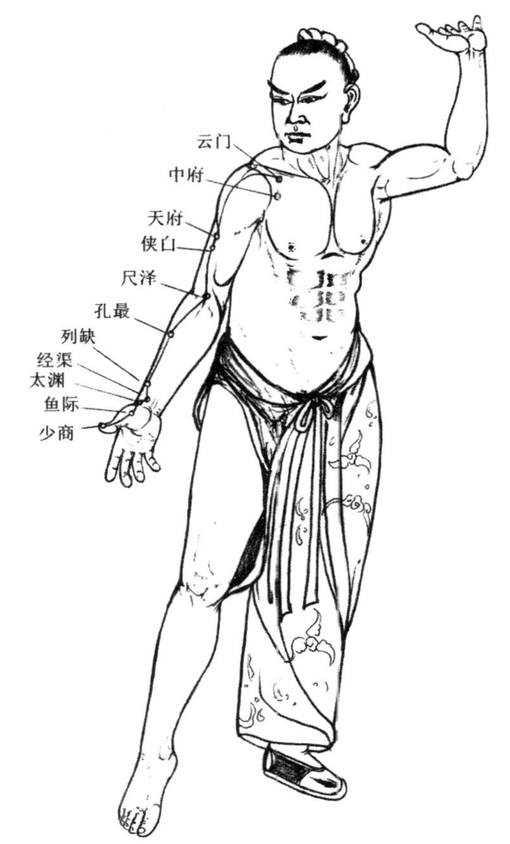

图 2-1 手少阴肺经

2.手阳明大肠经（图2–2）

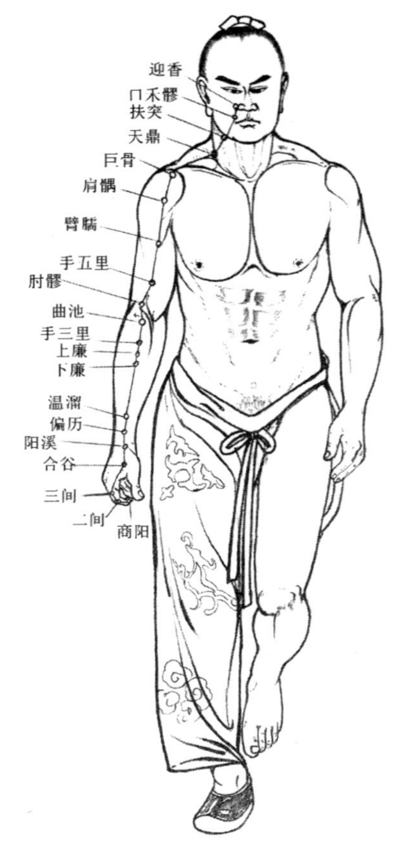

图 2–2　手阳明大肠经

【歌诀】

手阳明穴起商阳，二间三间合谷藏。
阳溪偏沥温溜长，下廉上廉手三里。
曲池肘髎五里近，臂臑肩颙巨骨当。
天鼎扶突禾髎接，鼻旁五分号迎香。

【精解】

此一经起于商阳，终于迎香。左右共四十穴。

起自食指末端，沿食指背侧桡侧缘，上出第一、二掌骨之间，入拇长伸肌与拇短伸肌腱的凹陷处，沿下臂背侧桡侧缘，至肘外侧，再经上臂外侧前缘，上肩出肩峰前缘，上出颈部椎骨之大椎，返向下入锁骨上窝，络于肺脏，通贯横隔，入属大肠。其支脉，从锁骨上窝上行颈部，通过面颊，入下齿槽，回绕至上唇，交会人中，左脉向右，右脉向左，上行夹鼻孔旁侧，与足阳明胃经相接。此经气血俱多，卯时注入此经。

3.足阳明胃经（图2–3）

【歌诀】

四十五穴足阳明，头维下关颊车停。
承泣四白巨髎经，地仓大迎对人迎。
水突气舍连缺盆，气户库房屋翳屯。
膺窗乳中延乳根，不容承满梁门起。
关门太乙滑肉门，天枢外陵大巨存。
水道归来气冲次，髀关伏兔走阴市。
梁丘犊鼻足三里，上巨虚连条口位。

下巨虚跳上丰隆，解溪冲阳陷谷中。

内庭历兑经穴终。

【精解】

此一经起于头维，终于历兑。左右共九十穴。

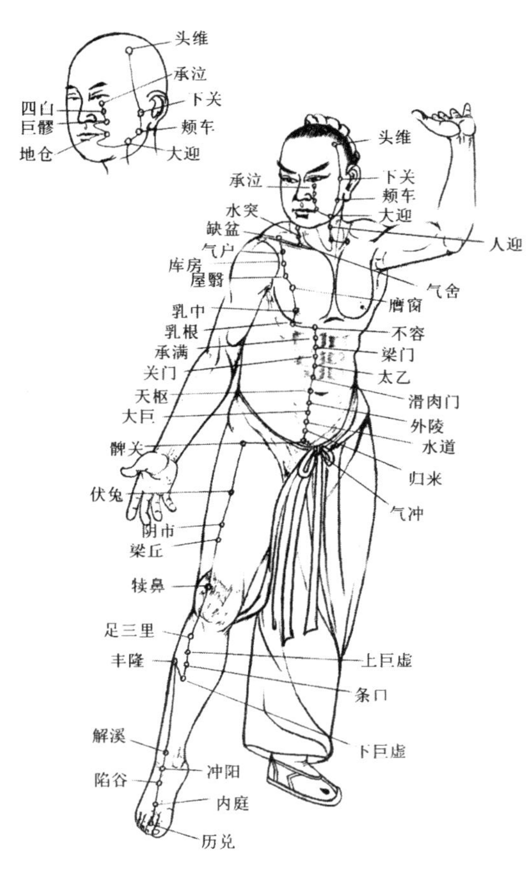

图 2-3 足阳明胃经

起于鼻翼两侧，上行交会于鼻根凹陷部，旁纳交会足太阳经，下沿鼻外侧入上齿槽，复出绕口唇，交叉于颏唇沟中点处。再向后沿颏后下缘，出下颌角大迎处，沿下颌颊车，上行耳，经过上关，沿发际至额颅；面部支脉从大迎前下走人迎，沿喉咙入锁骨上窝，过膈膜，入属胃腑，联络脾脏；直行脉从锁骨上窝下行到乳头，向下夹脐而行，直至腹股沟部；胃下口部支脉从胃的下口幽门部，经腹里下至腹股沟部；与前支会合，再由此下行至髀关，直达伏兔，下至膝膑中，沿胫骨前外侧至足跗，入足第二、三趾之间；胫部支脉从膝下三寸，别走第3趾外侧；足跗部支脉，从足背分出，走入足大趾内侧端，与足太阴脾经相连接。多血多气，气血辰时注入此经。

4.足太阴脾经（图2–4）

【歌诀】

二十一穴脾中州，隐白在足大趾头。
大都太白公孙盛，商丘三阴交可求。
漏谷地机阴陵穴，血海箕门冲门开。

府舍腹结大横排，腹哀食窦连天溪。

胸乡周荣大包随。

【精解】

此一经起于隐白，终于大包。左右共42穴。

起于足大趾尖端，沿足大趾胫侧赤白肉际，经过第1跖骨小头，上行足内踝前方，再上小腿内侧，沿胫骨后面，交出足厥阴肝经之前，经膝股内侧前缘，直抵腹内，入属脾脏，联络胃腑，过横膈，夹行咽喉食管部，连舌根，散布舌下；其支脉从胃腑别行，上过横隔，流注心中，与手少阴心经相接。少血多气，气血在巳时注入此经。

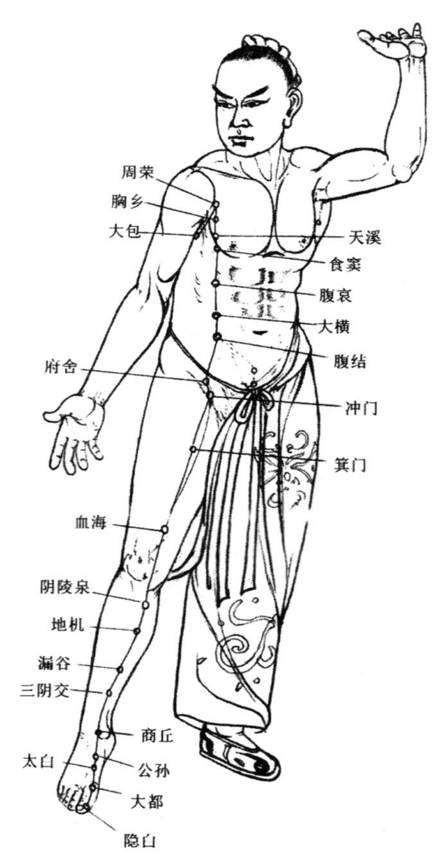

图 2-4　足太阴脾经

5.手少阴心经（图2-5）

【歌诀】

九穴午时手少阴，极泉青灵少海深。
灵道通里阴郄邃，神门少府少冲寻。

【精解】

此一经起于极泉，终于少冲。左右共18穴。

起与心中，出属心系，下过横隔，联络小肠腑；其支脉从心系上夹咽喉，联系到目；直行脉从心系上行于肺部，下走腋窝，沿上臂屈侧尺缘，行于手太阴和手厥阴的后方，下行肘窝，循下臂屈侧尺侧缘，直达尺骨茎突，进入掌内后方，沿小指桡侧到末端，与手太阳小肠经连接。多气少血，气血于午时注入此经。

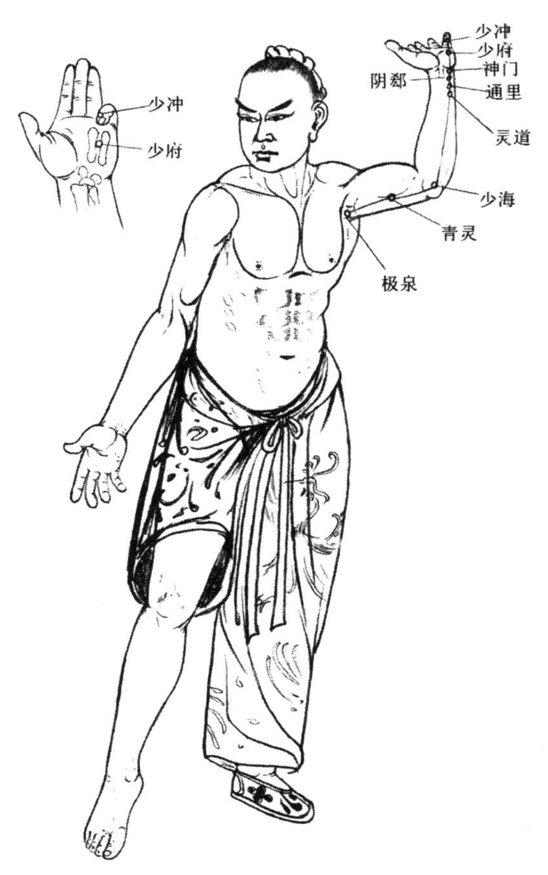

图 2-5 手少阴脾经

6.手太阳小肠经(图2–6)

【歌诀】

手太阳穴一十九,少泽前谷后溪敛。
腕骨阳谷养老绳,支正小海外辅肘。
肩贞臑俞接天宗,髎外秉风曲垣首。
肩外俞连肩中俞,天窗乃与天容偶。
锐骨之端上颧髎,听宫耳前珠上走。

【精解】

此一经起于少泽,终于听宫。左右共三十八穴。

起小指外侧端,沿手背外侧至腕,出尺骨小头直上,沿下臂外侧出于肘内侧与肱骨内上髁和尺骨鹰嘴之间,再沿上臂尺侧缘,出肩后骨缝,绕行肩胛,交会于肩,下行入锁骨上窝, 联络心脏,沿食道过横膈, 到达胃部,下行入属小肠本腑;其支脉从锁骨上窝沿颈上颊,至眼外眦, 进转耳内;颊部支脉从颊部上行眼眶下, 抵于鼻旁至目内眦,斜行而络于颧骨部与足太阳膀胱经相连接。多血少气,气血于未时注入此经。

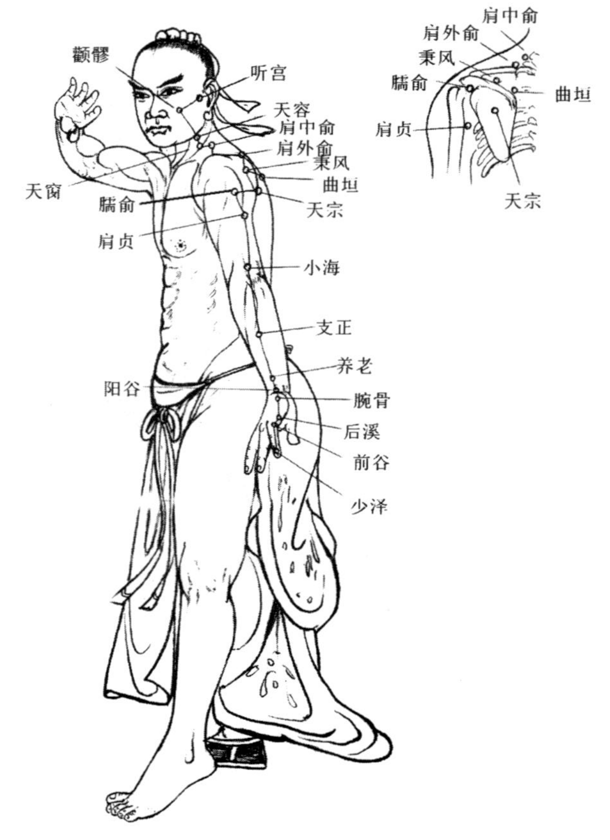

图 2–6　手太阳小肠经

7.足太阳膀胱经(图2–7)

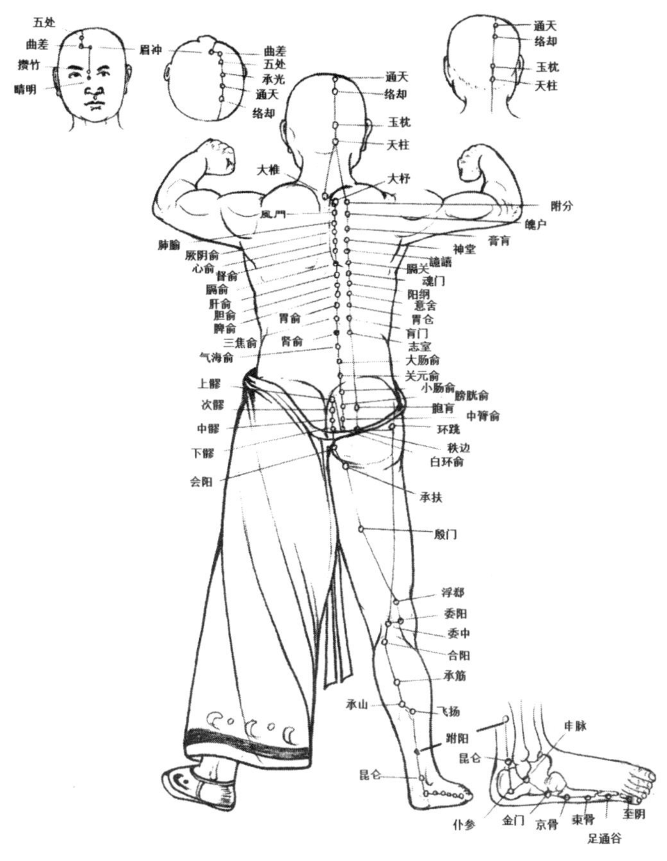

图 2–7 足太阳膀胱经

【歌诀】

足太阳经六十七，睛明目内红肉藏。
攒竹眉冲与曲差，五处上寸半承光。
通天络却玉枕昂，天柱后际大筋外。
大杼背部第二行，风门肺俞厥阴四。
心俞督俞膈俞强，肝胆脾胃俱挨次。
三焦肾气海大肠，关元小肠到膀胱。
中膂白环仔细量，自从大杼至白环。

各各节外寸半长，上髎次髎中髎下。
一空二空腰髁当，会阳阴尾骨外取。
附分侠脊第三行，魄户膏肓与神堂。
譩譆膈关魂门九，阳纲意舍与胃仓。
肓门志室胞肓续，二十椎下秩边场。
承扶臀横纹中央，殷门浮郄到委阳。
委中合阳承筋是，承山飞扬踝附阳。
昆仑仆参连申脉，金门京骨束骨忙。
通谷至阴小趾旁。

【精解】

此一经起于睛明，终于至阴。左右共一百三十四穴。

起于目内眦，上过额，交会于巅顶上；巅顶部支脉从头顶到颞颥部；巅顶部直行脉从头顶入里内络脑，复出顶后，沿肩胛内侧，夹脊柱到达腰中，进入脊旁筋肉，络于肾脏，入属膀胱本腑；腰部支脉从腰中分出，夹脊柱行臀部，直入膝腘窝中；后项支脉从肩胛内侧缘下行，经过髋关节部，沿股外侧后缘下行，与沿腰部而下的支脉汇合于膝腘窝中，由此向下穿过腓肠肌，出外踝后方，沿第五跖骨粗隆至小趾外侧端，与足少阴肾经相连接。多血少气，气血申时注入此经。

8.足少阴肾经（图2–8）

【歌诀】

足少阴穴二十七，涌泉然谷太溪溢。
大钟水泉通照海，复溜交信筑宾实。
阴谷膝内跗骨后，以上从足走至膝。
横骨大赫联气穴，四满中注肓俞脐。
商曲石关阴都密，通谷幽门寸半辟。
折量腹上分十一，步廊神封膺灵墟。
神藏彧中俞府毕。

【精解】

此一经起于涌泉，终于俞府。左右共五十四穴。

起于足小趾之下，斜走足心，出舟骨粗隆下，沿内髁后入转足跟，上行小腿内侧，出膝腘窝内侧，上行股内后缘，通过脊柱，入属肾脏，联络膀胱；肾脏部直行脉从肾向上横贯肝和横隔，进肺中，沿喉咙，夹舌根；肺部支脉从肺出走，联络心脏，灌注胸中，与手厥阴心包经相连接。多气少血，气血酉时注入此经。

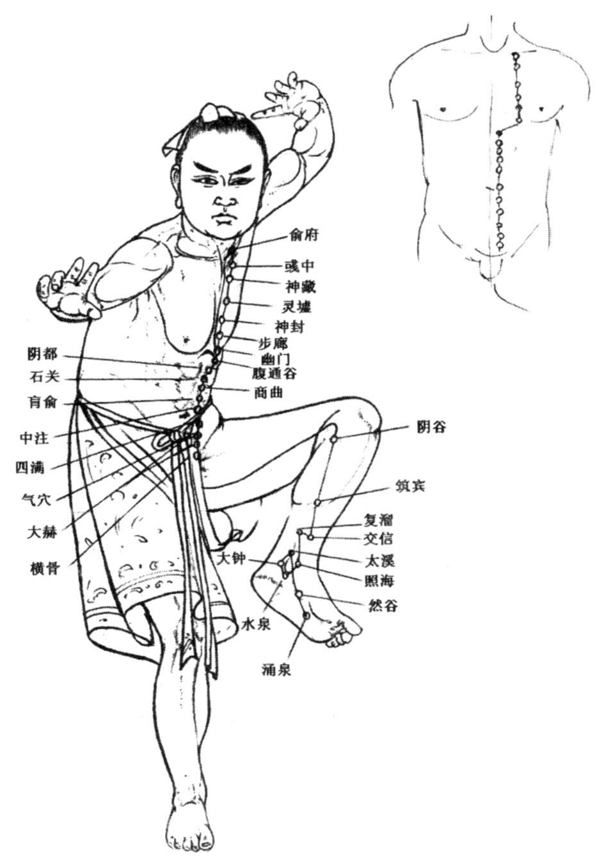

图 2-8　足少阳肾经

9.手厥阴心包络经（图2-9）

【歌诀】

九穴心包手厥阴，天池天泉曲泽深。

郄门间使内关对，大陵劳宫中冲侵。

【精解】

此一经起于天池，终于中冲。左右共十八穴。

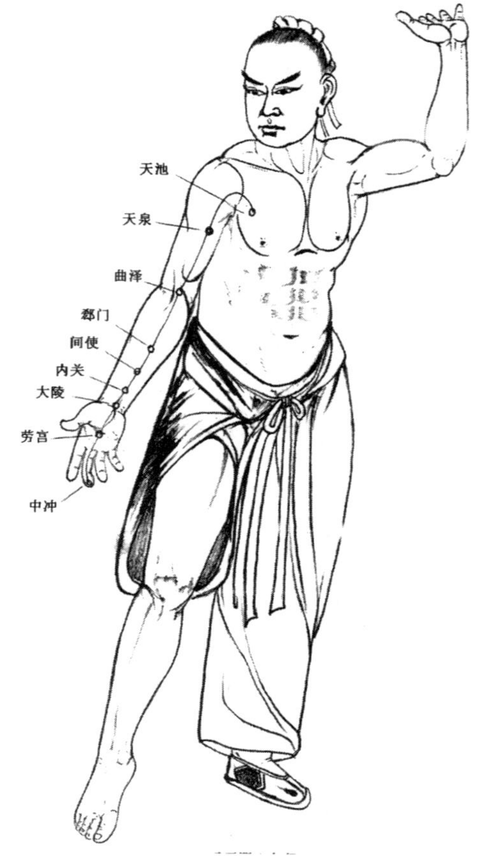

图 2-9　手厥阴心包经

起于胸中，出属心包络，下过横隔，从胸至腹依次联络上、中、下三焦；其支脉沿胸内，出胁部，当腋下三寸处，沿上臂内侧，行于手太阴与手少阴之间，入肘中，下行于下臂掌长肌腱与桡侧腕屈肌腱之间，入掌中，沿中指达指端；掌中分支从掌内沿无名指达指端，与手少阳三焦经相连接。多血少气，气血于戌时注入此经。

10.手少阳三焦经（图2-10）

【歌诀】

二十三穴手少阳，关冲液门中渚旁。

阳池外关支沟正，会宗三阳四渎长。

天井清冷渊消泺，臑会肩髎天髎堂。

天牖翳风瘈脉青，颅息角孙丝竹张。

和髎耳门听有常。

【精解】

此一经从亥时起手关冲，终于耳门。左右共四十六穴。

起于无名指指端，上行于第四五掌骨之间，沿手背出下臂外侧尺骨与桡骨之间，过肘尖，沿上臂外侧达肩，交出于足少阳经之后，进入锁骨上窝，分布胸中，联络心包，过横隔，从胸至腹，遍属上、中、下三焦；胸部支脉从胸上出锁骨上窝，走颈项，沿耳后直上，出于耳上方，再屈而下行，绕面颊至眼眶下；耳部支脉从耳后入耳中，再出走耳前，过上关前，与颊前支脉相交，再至外眼角，与足少阴胆经相连接。多气少血，气血于亥时注入此经。

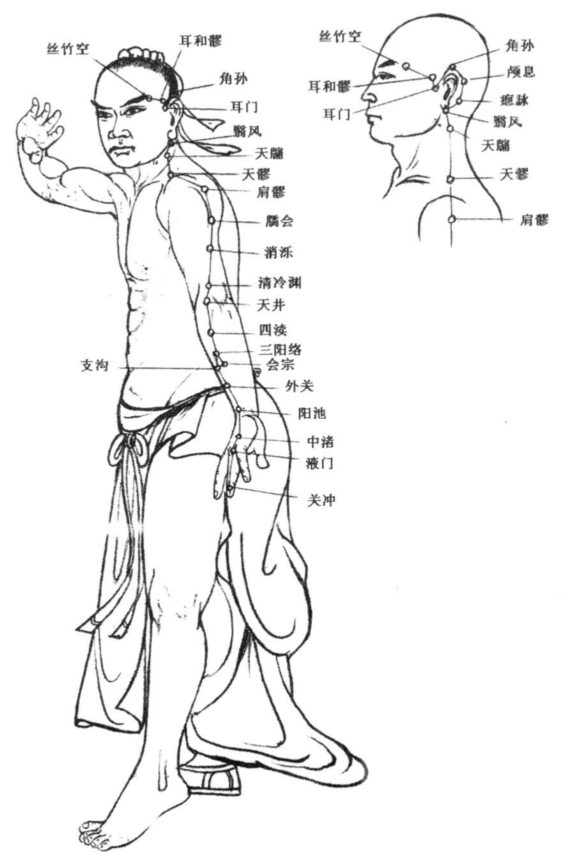

图 2-10 手少阳三焦经

11.足少阳胆经(图2–11)

【歌诀】

少阳足经瞳子髎，四十四穴行迢迢。
听会上关颔厌集，悬颅悬厘曲鬓翘。
率谷天冲浮白次，窍阴完骨本神邀。
阳白临泣目窗辟，正营承灵脑空摇。
风池肩井渊液部，辄筋日月京门标。
带脉五枢维道续，居髎环跳风市招。
中渎阳关阳陵穴，阳交外丘光明宵。
阳辅悬钟丘墟外，足临泣地五侠溪。
第四趾端窍阴毕。

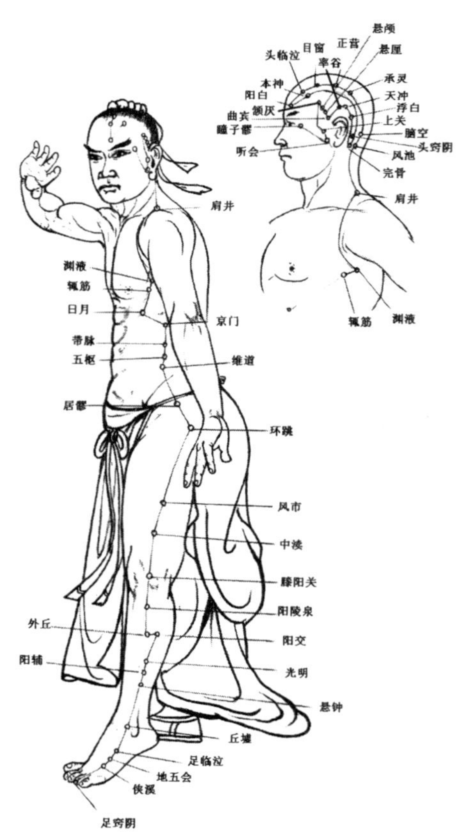

图 2–11　足少阳胆经

【精解】

此一经起于瞳子髎，终于窍阴。左右共八十八穴。

起于目外眦，上行额角，下耳后，沿颈行手少阳三焦经之前，至肩上，交于手少阳三焦经后，向下入锁骨上窝；耳部支脉从耳后入耳中，出走耳前，至目外眦后方；目外眦支脉从目外眦分出，下走大迎，和手少阳三焦经会合于目眶下，下经颊车，到颈与入锁骨上窝支脉相会合，下走胸中，过横隔，联络肝脏，入属胆腑，沿胁肋内，出少腹腹股沟动脉处，经外阴部毛际，横向进入髋关节部。锁骨上窝部直行脉从锁骨上窝下走腋下，沿胸侧过季胁，与入髋关节部的支脉会合，再由此向下沿大腿外侧，出膝外侧，下走腓骨头前，直下到腓骨下段，下出外踝之前，沿足背进入第四趾外侧端；足跗部支脉从足背分出，沿第一、二趾间缝，出大趾末端，回转穿过趾甲，至趾背的爪甲后丛毛处，与足厥阴肝经相连接。多气少血，气血于子时注入此经。

12.足厥阴肝经（图2-12）

【歌诀】

一十三穴足厥阴，大敦行间太冲侵。
中封蠡沟中都近，膝关曲泉阴包临。
五里阴廉羊矢穴，章门常对期门深。

【精解】

此一经起于大敦，终于期门。共二十五穴。

起于足大趾丛毛的边缘，沿足跗部内侧至内踝前一寸处，上行小腿内侧，在距内踝八寸处交于足太阴脾经的后方，上行膝腘窝内缘，沿股内侧入阴毛中，环绕阴器，至小腹与胃经并行，入属肝脏，联络胆腑，上过横膈，散布胁肋，沿喉咙之后，过鼻咽部，连接目系，上行出额部，与督脉会合于头顶中央；目系支脉从目系分出，下行颊里，环绕唇内；肝部支脉从肝分出，别贯横隔，向上流注于肺，与手太阴肺经相接。多血少气，丑时气血注于此。

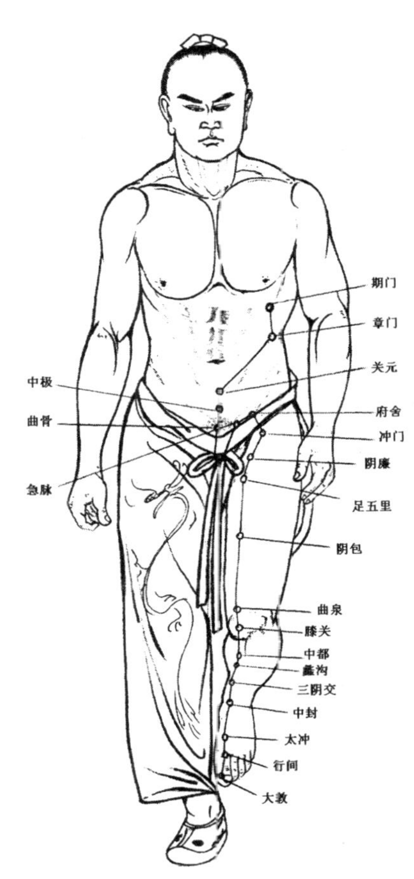

图 2-12　足厥阴肝经

13. 任脉（图2–13）

【歌诀】

任脉会阴两阴间，曲骨耻骨之上缘。
中极脐下四寸取，脐下三寸是关元。
石门脐下二寸是，气海乃在寸半间。
阴交脐下一寸是，脐窝中央神阙传。
脐上上行各一寸，水分下脘建里参。
中脘上脘与巨阙，气穴行至鸠尾边。
中庭膻中下寸六，膻中位在两乳间。
玉堂紫宫华盖穴，上行俱做寸六看。
璇玑华盖上一寸，天突胸骨上凹探。
廉泉喉头节上陷，承浆唇下窝中间。

【精解】

此一经起于会阴，终于承浆，共二十四穴。

起于会阴，上行阴毛部，沿腹内上过关元，循腹部和胸部正中线上行至咽喉部，和冲脉会合，再上行环绕口唇，经过面颊到目眶下；其支脉与冲脉同起于胞中，向后贯穿脊柱的里面。

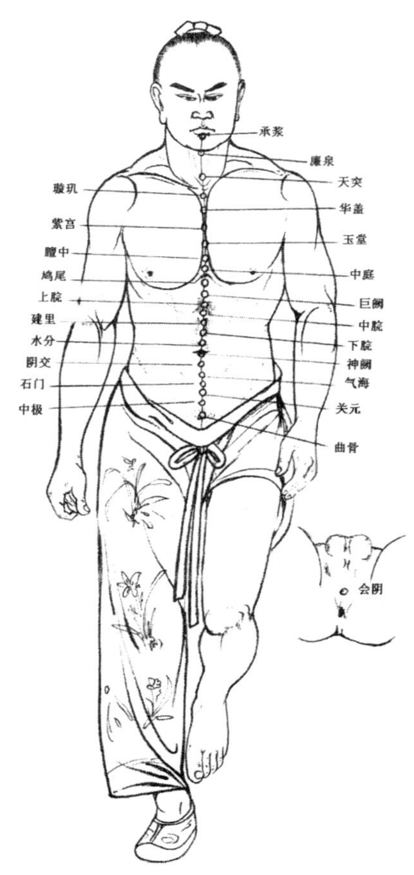

图 2–13　任脉

14.督脉（图2–14）

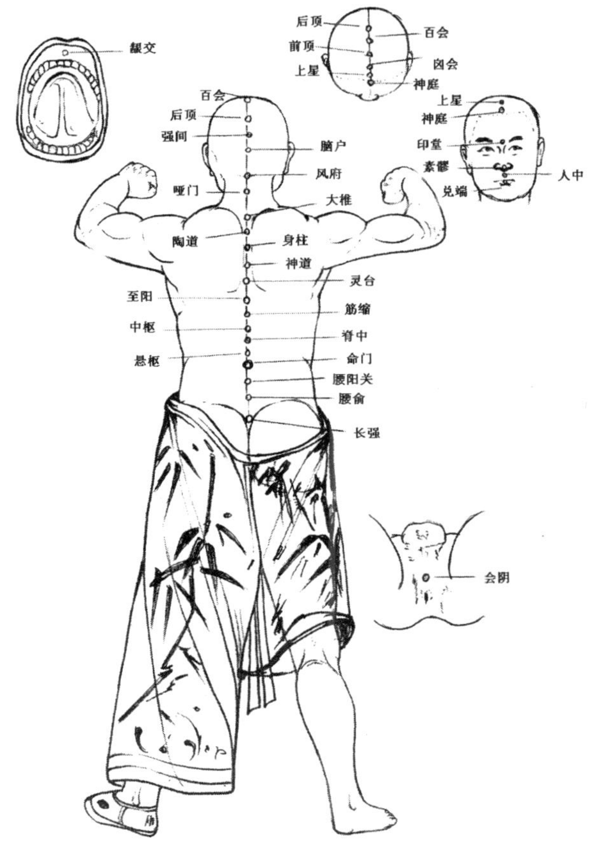

图 2–14　督脉

【歌诀】

尾骨尖端是长强，二一椎下腰俞藏。
十六阳关十四命，十三悬枢细推详。
十一椎寻脊中穴，十椎中枢穴需量。
第九椎是筋缩穴，七椎之下即至阳。
六灵五神三身柱，一椎之下陶道当。
一椎之上大椎穴，入发五分哑门行。
风府哑上五分取，脑户府上寸半量。
强间后顶两个穴，相距俱做寸五量。

百会顾顶中央取，向前寸半前顶张。
颤会百前三寸是，上星入发一寸量。
神庭入发五分处，素髎乃在鼻尖上。
水沟鼻下唇上纪，兑端上唇正中央。
龈交门齿微上取，二十八穴已章详。

【精解】

此一经起于会阴，终于龈交，共二十八穴。

起于会阴，上循脊柱内部，直达脑后凹陷中风府，进入脑内，上行巅顶后沿前额下行到鼻柱。

(三)十二经相传次序歌

【歌诀】

肺大胃脾心小肠，膀肾包焦胆肝续。
手阴藏手阳手头，足阴足腹阳头足。

【精解】

人身正脉十有二经，每于平旦寅时，营气始于中焦，上注于手太阴肺经，自胸中而出于中府，至于少商，以次行于手阳明大肠等十二经，终于足厥阴肝经，而复始于手太阴肺经也。凡手之三阴，从脏走手；手之三阳，从手走头；足之三阴，从足走腰，足之三阳，从头走足。周流不息，循环无端也。

(四)十二经气血多少歌

【歌诀】

多气多血唯阳明，少气太阳厥阴同。

二少太阴常少血，六经气血要分明。

【精解】

手阳明大肠、足阳明胃，此二经多气多血之经也；三焦、胆、肾、心、脾、肺，此六经多气少血也；心包络、膀胱、小肠、肝，此四经乃多血少气也。

（五）血头五枝歌

【歌诀】

点穴之妙在血头，何时点打须追求。
何时正头注何处，何时气血经穴流。
五枝血头须详辨，丝毫偏误不可有。
更考时辰多变幻，悉知五枝血注头。
切记交手抱直头，若失良机命必休。
劝君切莫忘练气，点穴无气功白丢。

【精解】

气血运行的血头，共分五个枝头，上下左右共四枝，即是十二正经的血头运行方式，在“十二经相传次序歌”中已言明，与中前一枝，合而为五枝。

五枝中以正中一枝的各个要穴最为重要，是武林界最为重视的。正中一枝者，即人身的任督二脉，此二经的气血是随时都相当旺盛的，因为任脉统督一身之阴脉，督脉统督一身之阳脉，乃人身经脉之总纲。

流通门秘传穴谱中，主要手法都是针对此二脉而言的，即歌诀中的“切记交手抱直头”；“直头”者，即正中一枝之血头也。

从天罡三十六穴中可以看到，任督二脉所占要穴就有十八个，可想而知，点穴术的千古之秘，所针对象是什么，不言自明。

(六)正中血头行走穴道应时歌

【歌诀】

人身之血有一头,日夜运行不停留,
遇时遇穴若伤损,治不及时命必休,
子时走往鸠尾穴,丑时须向膻中求,
廉泉是寅印堂卯,辰到百会巳风府,
午时却到灵台会,左右肾俞分在未,
尾闾属申海底酉,关元俱为戌时位,
神阙只等亥时来,刻记心中功莫费。

【精解】

此歌诀讲述了任督二脉的气血运行时辰,以每个时辰一个主穴,在一个主穴之中,若没遇正时、正点,当可上下左右循经寻找七个辅穴与时刻对应,只有这样才能点中血头,不知此秘者,即使指洞其肉,也难收点穴之妙。

子时(23–1点)从胸中气血注入鸠尾穴,鸠尾穴上有中庭,下有巨阙,此可按时辰的上四刻和下四刻来见机寻穴。

丑时(1–3点)气血注入膻中穴,膻中穴上方有玉堂、绛宫、华盖、璇玑诸穴。

寅时(3–5点)气血注入廉泉穴,廉泉穴下有咽喉、天突诸穴。

卯时(5–7点)气血注入印堂穴,印堂穴下有山根、人中穴,上有神庭、上星,囟门诸穴。

辰时(7–9点)气血注入百会穴,百会穴前后有前顶、后顶诸穴。

巳时(9–11点)气血注入风府穴,风府穴的前后有玉枕、脑户、哑门诸穴。

午时(11–13点)气血注入灵台穴,灵台穴的前后有大椎、身柱、神道、至阳、筋缩、中枢、脊中诸穴。

未时(13–15点)气血注入肾俞穴,肾俞穴实指命门穴,传统点穴术称之为“一计害三贤”,即一点打可伤命门、肾俞、志室三穴,并且命门的前后有悬枢、阳关诸穴。

申时（15－17点）气血注入尾闾穴，尾闾穴称为八卦穴，即周围穴位比较丰富，一穴被点伤多穴之意。

酉时（17－19点）气血注入海底穴，海底穴为肛门与前阴交界之点。

戌时（19－21点）气血注入关元穴，关元穴前后有曲骨、中极，石门、气海诸穴。

亥时（21－23点）气血注入神阙穴，神阙即肚脐眼，属人身十三窟之一，其位置之前后有阴交、水分、下脘、建里诸穴。

文至于此，已将寻经之法述明，习者必须熟记于心，并多加研究，方能得其奥秘；如马虎行事，不加推敲，不予思考，此虽真传秘诀，也无异于废纸残渣一堆，是以操持此术者，必儒雅聪慧、文武兼通方能深窥其幽髓。

三、考问法精解（三步练法）

考问法为流通门穴谱的第三步练法。

学习点穴之术，对于认穴、寻径有相当功底之后，即可进入学习考问这一步功夫，以此于认穴、寻经的程度上更进一步。

考问之法，有如老师提问作解后，再询问学生，是否已掌握所学之知识；若所答不误，方为有成。

此步练法，乃将天罡三十六死穴的血头流注时辰、穴伤后的反应、手法解救、用药方法及方药方义等秘诀逐一详解，学习者熟读深记后，方可应对盘诘者所作之考问。

一问：百会穴什么时候点击为准？伤后症状及解救和方药？

1.点法歌诀

百会逢辰落太阳，西牛坠地不吉祥。
头晕目暗人瘦弱，英雄三日也命亡。

【精解】

百会穴在早晨7～9点时，血头刚好注于此。此时点击后，重者会立即死亡。一般情况下受伤后，当时可见神志昏闷，人事不省，牙关紧闭，四肢僵直。握拳者尚可有救；撒手遗尿者无救。苏醒后出现神志痴呆，失声不语的症状。较轻者则见到巅顶刺痛，痛不可忍，头部烘热，眩晕欲呕、耳鸣、耳聋、记忆力锐减等症状。

凡是见到百会穴被点击时，需立即点压前顶、风府、脑户、申脉诸穴，然后将两手眉心经分推左右太阳至两耳，再和揉眉心，按摩印堂。随后从头顶到脑后风池、风府移推。再用手摇动颈部，推肩井、太阳、大椎诸穴。

必要时速用拿法，拿极泉穴以开胸理气，拿肩井穴以通气行血，拿会阴穴以利全身关窍经络，醒脑宁神。然后，服汤药“龙齿汤”直至痊愈。

2.方要歌诀(龙齿汤)

龙齿汤治百会伤，竺黄血竭蔓荆上；
藁本竹茹白僵蚕，膝芎芷郁炒桃菖。
失声去芎与竹茹，加入竹沥薄荆炭；
巅痛玄胡制乳没，烘热去芎加冰薄。
眩晕茯神朱砂用，耳鸣磁石枣仁说；
记忆减退远志龟，日进三帖效无瘥。

【精解】

(1)方药

龙齿一两(另包，先煎两小时，一两等于50克)，天竺黄二钱(一钱等于5克)、血竭一钱五分(一分等于0.5克)、蔓荆子三钱、藁本二钱、石菖蒲二钱、白僵蚕三钱、川牛膝三钱、正川芎二钱、香白芷二钱、川郁金三钱、炒桃仁三钱、姜竹茹三钱。

加减法：失声不清者去川芎、竹茹，加淡竹沥60毫升，荆芥炭二钱，薄荷叶三钱。巅顶刺痛加玄胡索三钱、制乳没药各二钱。头部烘热去川芎、加薄荷叶三钱三分，冰片七厘。眩晕欲呕吐者加茯神三钱三分，朱砂仁二钱。耳鸣、耳聋者加磁石二两、酸枣仁一两。记忆力减退者加远志三钱三分，龟板八钱。

(2)方义

百会穴所在之处亦正当人体头顶部，内有颞浅动、静脉及左右枕动、静脉吻合网，枕大神经及额神经分支由百会穴通过。早晨7时为诸阳向旺盛发展之起时，故气血于此刻正注入此穴。若此时重创，死亡者则多。即使平时受伤，由于所正为人体至关紧要之处，所以，诸症显露，患者甚苦。本方用龙齿重镇安神，元神安则生命无恙，血竭祛，配合龙齿，可逐瘀安神。石菖蒲开窍醒脑，则辅佐郁金疏解气郁，姜竹茹、白僵蚕、天竺黄均为开窍通络醒脑之品，桃仁逐瘀，川芎、白芷互通阳气，蔓荆子、藁本引药上行直达病所，待血竭、桃仁、郁金、菖蒲发挥疏气活血作用之后，川牛膝则引瘀滞气血下行化解。本方方义精妙，全在医者灵活运用之中。

二问：神庭穴是什么时辰点击？伤后的具体症状是什么样？解救和用药的原则？

1.点法歌诀

神庭遇时被击中，泰山压顶势不同。
头肿神昏胸欲吐，二便自滑药亡功。

【精解】

神庭穴的开闭只在呼吸之间，吸气即开，呼气则闭，随时均可击打。一旦受伤后，会出现头部晕痛，并牵引项背出现疼痛的现象，严重时可出现神志昏迷不清，痴呆少语，口角流涎、头肿、神昏欲吐，大小便自滑无知者死。

凡见神庭穴受伤，先用泻的手法点按风府、百会、攒竹、睛明四穴。

然后，服汤药“枣龙郁金汤”直至痊愈。

2.方药歌诀（枣龙郁金汤）

枣龙郁金芎芶藤，白菊菖蒲膝藁本；
桃仁红花炒枳壳，神庭穴伤用水煎。
痛剧去枳加地芷，眩晕去菖麻归添；
昏迷不醒蒲黄炭，并以通关吹鼻醒；
痴呆白薇与磁石，煎汤内服效如神。

【精解】

（1）方药

生枣仁六钱、龙胆草二钱、川郁金四钱、川芎二钱、双芶藤三钱、白菊花三钱、石菖蒲二钱、川牛膝三钱、藁本三钱、炒枳壳三钱、桃仁泥二钱五分、红花二钱五分。

加减法：头痛较剧去枳壳，加生地四钱、白芷二钱。眩晕难忍可去菖蒲，加天麻三钱，全当归三钱。昏迷不醒加蒲黄炭三钱三分，并以通关散（由元寸、冰片、细辛、牙皂、灯芯草灰组成）吹鼻。若痴呆少语则加白薇三钱、磁石二两。

（2）方义

神庭穴在人体头顶上，内为颅骨与大脑，三叉神经第一支，额内侧动脉。所以，神庭穴历来被视为人体穴位中至关重要的第一大穴；神庭穴一旦受伤，无论气血是否注入此穴，随时可打，都易造成生命危险。本方主用肝经要药龙胆草、川郁金、双芶藤以泻火开郁，镇肝熄风以平头眩之症；川芎、菊花专治诸般头痛，生枣仁、石菖蒲入及开窍，醒脑，辅佐郁金疏解气郁。藁本引诸药直达巅顶，令药力专注于该穴。炒枳壳行气推动药力行于气血，红花、桃仁活血化瘀；川芎通阳气，待郁金、菖蒲桃仁发挥疏气活血作用之后，川牛膝则引瘀滞气血下行化解，诸药合用，共奏活血祛瘀，理气定痛，清脑开窍以通气血之效用。

三问：印堂穴什么时候点击才准？伤后有什么具体症状？解救方法和用药原则是什么呢？

1.点打歌诀

卯时鸡心打印堂，两手分张身后仰；

额伤脑肿颅底破，顷刻之间命必殃。

【精解】

印堂穴于每日早晨5～7点气血注入此穴，此时若击伤该穴，若伤重出现头部肿大如斗者，不治，五日内必死。如果仅仅只是局部红肿或虽然皮破出血，但不红肿者可治。印堂穴受伤后可见头部（尤以前额部）昏闷沉重，刺痛难忍，时见眩晕，眼目昏花，眉棱骨痛，鼻腔胀寒不舒，或见鼻衄。此必须引起重视的是，印堂穴受伤不论轻重，一定要及时诊治，否则，即使生命无虑，也必致目盲。

凡遇印堂穴被伤者，立即点按地仓、廉泉穴位，再按摩两太阳穴，继揉眉心推过上星、百会、到风池、风府，轻揉颈项。再拿肩井、天府二穴，左右胸部向下推之。

然后，服汤药“银连汤”数副至痊愈。

2.汤药歌诀（银连汤）

印堂伤服银连汤，蝼蛄配合炒荆防；

归芎乳没地三七，桃红苏木与川羌。

眩晕朱茯酸枣仁，鼻衄柏炭血馀良；

茺蔚谷精防目盲，仔细诊疗用此方。

【精解】

（1）方药

金银花一两、川雅连二钱、蝼蛄干一钱、炒荆芥三钱三分、青防风三钱三分、川羌活三钱三分、川芎三钱三分、全当归四钱、细生地三钱三分、苏木二钱、广三七二钱、生桃仁三钱三分、红花三钱三分。

加减法：头昏闷刺痛可加白菊花五钱，延胡索四钱（醋浸泡两小时后再炒干），眩晕加朱茯神四钱，酸枣仁六钱，鼻衄加侧柏炭四钱、血余炭三钱三分，眼目视物不清可加茺蔚子五钱、谷精草四钱。

（2）方义

印堂穴内有三叉神经分支，额动脉，额骨大脑，脑膜。因力的传导作用更伤后脑、颈骨；受伤后至关紧要，极易令人丧命，又加上无论轻重，一旦失治必致目盲。故伤后应立即救治。依现代医学观点来看，印堂穴受伤极易引起破伤风症；因为印堂穴受伤后最易动风，故方用荆芥、防风、羌活、川芎祛头风；金银花、川雅连防止细菌感染，化解伤处毒气。制乳没、当归、红花、桃仁、苏木、三七活血化瘀镇痛，蝼蛄咸寒，解毒消肿，合成本方，可起到祛瘀镇痛、消肿抗菌的功效。

四问：人中穴什么时候点最准？伤后有何反应？救治方法是什么？

1.点法歌诀

人中逢着寅卯伤，昏闷呕吐头晕胀；
齿伤唇裂身僵挺，三日必死空惆怅。

【精解】

人中穴于每日早晨4~6点钟气血注入此穴，一旦受伤，主要表现在口噤不开，饮食难进，若破损则易引起暴肿，而致神昏，愈后多不良。其他症状可见牙龈肿胀，牙关紧闭，失声不语，口内感觉干燥烦渴，口眼㖞斜，鼻衄、齿衄流血不止等症状。

手法解救与印堂穴伤后的救治法相同，经手法解救后，急煎“归鹤汤”内服。

2.汤药歌诀(归鹤汤)

人中穴伤归鹤良,荆炭薄桃郁竺黄;
仙桃草与血余炭,苏木地龙青皮菖。
暴肿蒲黛梅片敷,减去仙桃青皮木;
加上银草连炭煮,血流不止桃青去,
添七柏炭炒马勃,口噤竹沥鼻饲功。

【精解】

(1)方药

全当归六钱、仙鹤草四钱、荆芥炭三钱、薄荷叶二钱、川郁金三钱三分、天竺黄三钱三分、仙桃草四钱、血余炭三钱三分、苏木二钱、广地龙三钱三分、青皮二钱、生桃仁三钱三分、石菖蒲二钱。

加减法:患处红肿急用生蒲黄一钱、青黛一钱、梅片七分置入瓷瓶内密封,隔水蒸,高温消毒后,取出放入凉水中去火毒再倒出外敷患穴。本方则去仙桃草、苏木、青皮,加金银花二两,川雅连一钱(炒炭存性)、甘草三钱。出血不止去青皮、桃仁,加三七二钱、侧柏炭四钱、炒马勃一钱、口噤不开加淡竹沥60毫升于药汤内鼻饲法给药。

(2)方义

人中穴在其他某些穴位受伤出现昏迷情况下,皆可用于急救。而本穴受伤,最易出现败血症状后,不可不治。方用荆芥、薄荷、菖蒲、天竺黄开噤启音,当归、血余炭、苏木、桃仁化瘀活血、地龙、郁金、青皮通络行气,仙桃草乃伤科之圣药,仙鹤草为止血之佳品,故本方对人中穴受伤有很好的疗效。

五问:耳门穴应在何时点?伤后的具体反应症状是什么样的?方法是什么?

1.点法歌诀

耳门遇亥被点伤,昏闷失智势难当;
轻点脑中嗡嗡响,重击当日见阎王。

【精解】

耳门穴在晚上10点45分气血注入此穴。伤重者可致死亡，或见昏迷不醒，在迷糊中死去；醒后可见口噤不语的症状。轻者出现耳痛、耳聋、耳鸣、重听，头痛（多为偏头痛），脑晕，以及牙床活动困难等症状。

耳门穴伤后，立即用重手法掐取人中、急脉、阴廉三处穴位，再用两手捧住两耳门连接三下，掐住鼻子提三下，后用手向上左右分推到头顶数把。再向下推至肩井，又横推至风府。再拿肩井、极泉、会阴三穴，推按颅息、角孙、颊车、听会四穴。

然后，煎服"葱白饮"直至痊愈。

2.方药歌诀（葱白饮）

葱白饮子疗耳门，磁石鳖甲菖曲芍；
桃红川芎丹琥珀，麦冬蔓荆熬汤药。
昏迷方去麦丹蔓，加麝珍珠七竭酌；
眩连枣仁聋龙牡，不语竹沥与青果。

【精解】

（1）方药

葱白一钱七分，灵磁石二两七钱、生鳖甲六钱（二药另包先煎两至三小时，再放入其余诸药）石菖蒲二钱七分、建曲三钱三分、赤芍药三钱、生桃仁三钱、红花三钱、川芎三钱、粉丹皮二钱、琥珀米三钱（另包用药汁分两次冲服），麦冬四钱、蔓荆子三钱。

加减法：若严重出现昏迷不醒的情况，本方可去麦冬、丹皮、蔓荆子，加麝香末一分、珍珠粉二分、三七粉一钱、血竭粉七分和匀药汁冲服。口噤不语加青果六枚，淡竹沥10毫升。耳聋、耳鸣，重听者加生龙牡各二两，头痛眩晕加黄连一钱，酸枣仁一两。

（2）方义

耳门穴主属气穴，受伤后出现症状究其根源应为气闭壅阻而妨碍血行。耳门穴在颧弓下方有颞浅动、静脉，布有耳颞神经及面神经分支。故方用葱白通气开窍，《本草纲目》上记载："葱，……皆耳其发散通气之功。通气故能解毒及理血病，气者，血之帅也，气通则血活矣。"辅以石菖蒲开窍，鳖甲、麦冬、磁石镇心通窍，川芎、蔓荆子行头部气血，红花、桃仁、赤芍、丹皮、琥珀行瘀理血，神曲增强人体对药物的吸收力而加强疗效。诸药合用，对耳门穴受伤后的治疗是有很好的疗效的。

六问：太阳穴什么时候点击最准？伤后的具体症状及救治方法？

1.点法歌诀

太阳本为神光门，需在上午巳时寻；
点后昏胀又呕吐，难过半日归西天。

【精解】

太阳穴在每天的9～11点钟气血注入此穴，该穴本为经外奇穴，随时点击都会令人昏闷不醒，严重者或是在气血正注于此穴之时则立即殒命。较轻者在七日后亦有危险，万勿掉以轻心，太阳穴青筋暴凸，凹陷处向外突起者，预后多不良。当太阳穴受伤后还可出现持续性头部昏闷刺痛，眼目昏花，甚至视力丧失，步履虚浮不稳等症状，如果治疗不当，后遗症则可见太阳穴长期疼痛不已，神疲乏力，尤其是在8点至11点钟左右特别剧烈而不能消除。

太阳穴伤后的手法解救与耳门穴伤后的所用解救手法相同，通过手法的救治后，内服“四物蒲母汤”数剂，直至痊愈。

2.方药歌诀(四物蒲母汤)

四物地芍与归芎，增进蒲母效不同；
桃红菖芷七芍龙，太阳穴伤加减用。
刺痛芥穗升麻七，昏薄姜汁芥炭冲；
失明僵蚕石决明，目花竭斛与密蒙；
步浮龙牡桂炙芪，痛剧七胡芷白菊。

【精解】

(1)方药

生地黄四钱、赤芍药三钱、全当归四钱、川芎二钱、生蒲黄三钱，益母草四钱，生桃仁二钱、红花二钱、石菖蒲二钱、炒白芷二钱、田三七一钱七分、嫩芶藤二钱、广地龙三钱。

加减法：头部昏闷刺痛加荆芥穗三钱、升麻二钱、田七二钱。昏迷不醒者用上方兑入鲜薄荷汁二十毫升，鲜生姜汁五毫升，冲服炒荆芥炭末三钱。失明加石决明二两、白僵蚕四钱。眼目昏花加血竭一钱，密蒙花三钱，钗石斛四钱。步履虚浮不稳加生龙牡各一两，肉桂一钱七分，炙黄芪五钱。持续性剧痛加云三七二钱，延胡索三钱，香白芷二钱，白菊花四钱。

（2）方义

太阳穴所处位置深部为颧眶动、静脉，颞深动、静脉，颧颞神经，面神经等等。《圣济总录》曰："太阳穴，不可伤，伤即令人目枯，不可治也。"实际上太阳穴受伤的危害性远非如此，甚至可令人丧命，若不急治，危在旦夕。本方用四物汤配合生蒲黄、益母草祛瘀生新，只有迅速地去淤血、生新血，才不至于使清阳上升受阻。为了加强逐瘀作用又配置桃仁、红花等活血祛瘀之品，另用石菖蒲、广地龙通经开窍，嫩勾藤镇脑熄风安神，而达到祛瘀生新，通络醒脑，开窍镇痛的作用。

七问：风池穴在什么时候点击为准？伤后的具体症状及救治方法？

1.点法歌诀

风池若在丑时点，大罗神仙也难生；
眼前红光冒金星，击重五日奔黄泉。

【精解】

风池穴在凌晨的1～3点钟点击过重易发生立即死亡、轻伤二分者，昏迷不醒；发烧不退或发冷不热者死，及脑髓、颅底、延髓、头晕不减者死。风池穴伤后，立即用手法点按耳窍、天突、乳根、丹田、腰眼诸穴，再按摩患处周围，手推左右数下。通过手法解救后，先外敷"乌龙膏"。内服"天麻羌活散"数剂，直至痊愈。

2.方药歌诀(乌龙膏)

乌龙膏敷要穴伤，茇葰合部百草霜；
乳没麝香陈糯米，醋熬成膏为良方。

【精解】

(1)方药

白及、白蔹、百合、百部、百草霜、乳没药各一两,麝香二厘,糯米二两(陈小米分隔后者佳,炒黑),共研为末,用醋熬成膏,外敷伤处。

(2)天麻羌活散

天麻羌活散藁芎,蔓荆膝葛乳没红;
桃七血馀双芶藤,风池伤后此为功。
牵痛腰背去蔓芶,续断姜黄即止痛,
血衄头痛眩晕剧,去馀加茯菖蒲用。

【精解】

❶ 方药

川羌活三钱、明天麻三钱、川藁本三钱、正川芎二钱、川牛膝三钱、粉葛根四钱、乳没药制各二钱、川红花二钱五分、生桃仁二钱五分、田三七一钱五分、血余炭三钱、蔓荆子三钱、双芶藤三钱。

加减法:若牵引腰背疼痛去芶藤、蔓荆子,加川续断三钱、姜黄三钱,若现血衄、头痛、眩晕较剧则加朱茯神四钱、石菖蒲三钱,去血余炭。

❷ 方义

风池穴所在之处亦有枕动、静脉分支,带有枕小神经分支,及易同时伤及风府及耳根穴,属死穴之一。本方主用羌活专治头伤,辅葛根以疗颈项强直,制乳没活血镇痛,红花、桃仁活血化瘀,血余炭止血活血,天麻镇痉佐芶藤熄风,三七活血化瘀生新血,川芎通阳气,蔓荆子,藁本引药上行直达病所,川牛膝则引瘀滞气血下行化解,本方是风池穴伤后的最好良剂。

八问:哑门穴在什么时候点击为准?伤后有什么样的症状及救治方法?

1.点法歌诀

哑门俗名叫对口,巳时被点周身抖;
元神失控身无主,言语不清步难走。

【精解】

哑门穴在每天的上午10点钟左右气血注入此穴，低头时穴门开，点击照样生效。哑门穴在气血正注入以及低头穴门开时被点伤，可令人立即毙命身亡；严重伤者可使人立即仆倒，四肢震颤气闭，一般多预后不良。轻者则见眼痛、耳痛、头晕、舌尖露出，饮食不进，言语不清等症状。

哑门穴一旦受伤，应立即点按耳窍、天突、乳根、丹田、腰眼穴，再按摩患处周围，手推左右数下。

然后，内服汤药“肉桂开窍汤”数剂直痊愈。

2.方药歌诀（肉桂开窍汤）

肉桂开窍汤法良，专治哑门被击伤；
茯芷苓皮红熟枳，木草龙眼酒麝香。
龟尿点玄膺能言，咽痛诃桔草射干；
头眩茯神延胡索，口噤竹沥鼻饲祥；
眼痛百菊石决明，耳聋磁石枣仁上。

【精解】

(1)方药

肉桂三钱、茯苓三钱、白芷三钱、云苓皮三钱、红花四钱五分、熟地四钱五分、枳实四钱五分、木香二钱四分、麝香二分、甘草一钱五分，龙眼肉五枚，水酒为引。

加减法：舌尖露出，口不能言者，可用龟尿点于舌根下的玄膺穴，饮食不进，咽喉肿痛，难言者加诃子肉五钱，桔梗五钱、射干三钱三分、甘草一钱七分均半生半炒。头痛晕眩较剧者加延胡索三钱，朱茯神三钱，口噤不开加淡竹沥六十毫升于药汁内鼻饲法给药，眼痛剧加菊花、石诀明；耳痛、耳聋加磁石二两、酸枣仁一两。

(2)方义

哑门乃大穴，重伤点击多死。本部上有颅骶和小脑，是生命中枢，项韧带、斜方肌起始部、颈骨、双耳、双眼，承受打击能力较弱，一经受伤多哑不能言。所以，先用龟尿以解，方能言语。李时珍曰：“龟尿走窍透骨，故能治暗、聋及龟背、染髭发也。”《医宗金鉴·卷三十九》中曰：“龟尿舌下点解难言。”并注云：“取龟尿点在舌下，言语自易。”本方用肉桂平胃，补胃疏肝行血而和百药，理心腹之恙，三虫九痛皆瘥，补气脉之虚，五劳七伤多验，宜气血而无壅，利关节而有灵为君药。辅以茯苓利肺窍而发音，云苓皮疏肝利胆，活血顺气，白芷芳香止头痛，红花破淤血，生新血，消肿痛入心肝。熟地黄滋肾水封填骨髓利血脉补益真阴。木香能升降诸血，泄肺气和脾胃，枳实泻浊气而清气上升，佐以麝香开窍通经络，龙眼补心虚而长智，悦肾气以培脾除健忘与怔忡，能安神而熟寐。甘草和百药，相辅相成，为哑门穴伤之要方矣！

九问：咽喉穴在什么时候点击为准？伤后有什么症状及救治方法？

1.点法歌诀

咽喉穴到寅时间，遇上点击莫想生；
如核阻喉难吞吐，百日瘦弱到幽冥。

【精解】

咽喉穴在每天凌晨3点钟时气血注入此穴。如果在气血正注入该穴之时点打受伤，可令人立即死亡。严重受伤者可使人立即气闭倒仆，面青唇紫者多预后不良。轻者则见咽喉肿痛，呼吸不畅，口噤失声，甚至咳吐血沫，饮食不畅等症状。

咽喉穴伤后，立即点推璇玑、廉泉二穴。

然后，服汤药“慈姑救苦汤”三至五剂，早晚空腹下，忌辛辣刺激之物。

2.方药歌诀（慈姑救苦汤）

慈姑救苦疗喉伤，归芎豆根乌木香；
红花汁炙枳壳妙，郁桃菖蒲沉良姜。
木耳炭和炒荆芥，气闭荆芥妙成炭，
童便薄荷沉香汁，和匀药液一起灌，
咽痛去芎与良乌，青果荸没别怠慢；
口噤加玄参马勃，去掉良姜台乌药；
吐血去芎乌良桃，荠尼七蕊添百合；

呼吸不畅二贝麝，饮食不畅厚香砂，
另用藻蛭蜜水调，去掉芎荆豆根祥。

【精解】

（1）方药

山慈姑二钱、全当归四钱、川芎三钱、山豆根四钱、台乌药三钱三分，广木香二钱（另包后下），红花汁炙枳壳三钱三分，川郁金三钱三分、木耳炭三钱三分、桃仁（去皮尖）三钱三分、石菖蒲二钱、炒荆芥二钱、沉香一钱（锉成细末，分二次以药汁冲服），高良姜一钱。

加减法：气闭可将荆芥炒成炭（存性）另加薄荷汁六十毫升，兑以童便六十毫升（去头尾），沉香一钱磨汁，和匀药液灌服。咽喉肿痛去川芎、良姜、乌药，加藏青果三枚，荸荠二两，没药二钱；口噤，失声去良姜、乌药，加玄参四钱、马勃二钱。咳吐血沫加百合四钱、荠尼四钱，三七二钱，花蕊石一两，去川芎、乌药、良姜、桃仁。呼吸不畅加川贝、浙贝各三钱三分、麝香一分，饮食不畅去川芎、山豆根、荆芥，加厚朴三钱三分，香附三钱三分、砂仁二钱，另用海藻一钱，水蛭干一分，共研细末，蜂蜜水调吞服后一小时再服上方。

（2）方义

咽喉穴为气之门户所在之处，伤者最易闭气，气断则致身亡，故为紧要之穴。本方以山慈姑、山豆根利咽开喉，沉香、木香、乌药、郁金，红花汁炙枳壳为气药血用，而川芎、当归、桃仁又为化瘀行血之药，石菖蒲既可理气又能开窍，良姜少许佐诸药，使气血调和，木耳炭化瘀行血止血，诸药配合，成为治疗咽喉穴受伤之专方。

十问：人迎穴在什么时候点击为准？伤后有什么症状及救治方法？

1.点法歌诀

辰时人迎受点击，颈肿咽痛脸发紫；
头晕脑涨血瘀滞，气闭难救即时死。

【精解】

人迎穴在每天上午的7–9点钟时气血注入此穴；仰头并外侧颈时穴门开。

受伤严重者立即令人昏迷不醒。一般则可见到气急作哽，咽喉肿痛，头晕，两侧头部胀痛，口鼻血衄、胸闷不舒等症状。

人迎穴一旦被点击伤后，立即重手法刺激气户、气舍、人中三穴。

然后，服汤药“枳桔汤”数剂，直至痊愈。

2.方药歌诀(枳桔汤)

枳桔汤治人迎伤，杏栀血余西红菖；

海蛤膝芍血竭量，落得打入是良方。

胸闷去蛤加郁金，口鼻衄血童便上，

头痛川芎制乳香，灵活化裁运化良。

(1)方药

炙枳壳四钱、苦桔梗三钱、杏仁泥三钱、海蛤粉八钱、黑山栀二钱五分、血余炭二钱、西红花一钱、川牛膝三钱、石菖蒲二钱、落得打三钱、京赤芍三钱、血竭二钱。

加减法：胸闷不舒去海蛤粉，加川郁金三钱，口鼻衄血加童便二十毫升，头痛加制乳香一钱、川芎二钱。

(2)方义

此穴不论从何角度打击，都会给颈部造成严重伤害。方用枳壳疏气解郁，苦桔梗，杏仁泥宣肺气利咽喉，海蛤粉，黑山栀清热止血，血余炭、西红花活血而生血化瘀通络，石菖蒲既可理气又能开窍。落得打、赤芍、血竭化瘀止痛，牛膝引瘀滞气血下行化解，诸药相辅佐，为人迎穴伤之要方矣。

十一问：膻中穴在什么时候点击为准？伤后的具体症状及救治方法？

1.点法歌诀

丑时膻中被点伤，心如刀绞倒当场；

气血上涌人难过，咳吐鲜血三七亡。

【精解】

膻中穴在每天的凌晨1～3点钟气血注入此穴，挺胸时穴门开。膻中穴被点伤，重者三日死，轻者七天死，最严重者立即毙命。所以，当膻中穴受伤后，不能拖延，必须及时治疗。受伤者常见症状可见胸窝刺痛，两肋气窜，胁肋疼痛逐渐加剧，喘促，胸闷如压重磨，干咳，甚至带血丝或者出现咳血现象，心悸、怔忡，或见食入即吐的症状。

膻中穴一旦受伤时，立即点按玉堂、华盖、神封、神藏四个穴位。

然后，内服汤药“柴胡饮子”数剂，直至痊愈。

2.方药歌诀（柴胡饮子）

膻中伤进柴胡饮，红汁炙枳天花粉；
桃蒌大黄苦桔梗，香附橘络不留行；
杏仁柏仁均为霜。痛剧玄胡乳没煎；
喘促紫菀款冬花，胸闷不舒加郁金；
干咳枇杷功劳叶，出血柏馀去黄行；
心悸怔忡生龙牡，食吐刀豆沉砂仁。

【精解】

（1）方药

柴胡三钱三分，红花汁炙枳壳四钱，天花粉四钱、炒桃仁三钱三分、全瓜蒌六钱、苦桔梗三钱三分，生大黄二钱（另包，用原汁泡服），广三七二钱、王不留行籽三钱三分、制香附三钱三分、橘络三钱三分、杏仁霜二钱、柏子仁霜二钱。

加减法：疼痛剧烈加醋炒延胡索四钱，制乳没各二钱。喘促加紫菀三钱三分、款冬花三钱三分、胸闷加郁金三钱三分，干咳加枇杷叶三钱三分、十大功劳叶五钱。出血去王不留行子、大黄，加侧柏炭四钱、血余炭四钱。心悸、怔忡加生龙牡各一两（另包先煎两小时）食入即吐加沉香一钱、刀豆籽三钱、砂仁一钱。

（2）方义

膻中穴位于胸骨体上，内有乳房内动、静脉的前穿支及第四肋间神经前皮支，靠近心、肺等内脏。所以，此穴受伤严重者可当即死亡，轻者也出现疼痛、胸闷以及咳血，心悸诸症。方用柴胡、枳壳疏气解郁，辅以香附，全瓜蒌、橘络而治胁肋闷痛，以天花粉、桃仁、大黄逐瘀生新，使经络通畅，王不留行籽荡涤瘀阻，三七为疗伤圣药，杏仁霜、柏子仁霜合桃仁、桔梗滋肺开胸，止咳宁血，诸药合用可起到标本兼治的效果。

十二问：鸠尾穴鸠尾穴在什么时候点击为准？伤后的症状及救治方法？

1.点法歌诀

子时点击胸鸠尾，肚内翻腾气串肋；

佝腰驼背哀哀啼，吐血不止当场毙。

【精解】

鸠尾穴在每天深夜23点至凌晨1点钟时气血注入此穴；受伤不论轻重，都会造成淤血内积严重，伤势严重者会立即死亡，较重者三日内死；轻者不治，五日内必有危险。必须急治，不能延误。其表现症状可见伤处疼痛，如针刺斧劈，胸肋疼痛不已，唾血，甚至吐血，呃逆，食则呕吐，呈现心区绞痛，或见周身疼痛，泻痢不止，尿见白浊，痰火瘀阻于内轻则出现咳嗽、喘促，身屈腰佝出汗等症状。

鸠尾穴一旦受伤，立即点按或叩击脾俞、胃俞、膈俞、梁门、中极等穴。抓拿肩井、极泉、中府、中沟四穴，用手法左右分推数十下，从中向下直推数下。

然后，服用“急救方”一剂，继服“当归汤”十至十五剂直至痊愈。

2.方药歌诀

（1）急救方

鸠尾伤用急救方，毛竹节灰与大黄；

千年丁灰配金砖，陈酒送下立安康。

【精解】

方药

大黄粉二钱、毛竹节灰一钱、千年丁灰一钱五分、金砖四分，用陈酒送下后。

继内服“当归汤”。

（2）当归汤

鸠尾穴伤当归汤，骨补乌楂莱菔打；

七陈芍馀肉桂末，乳没沉枳红苏炙。

刺痛竭胡去莱陈，唾血吐血生地茜；
去掉肉桂与乌沉，心痛瓜蒌丹郁金，
原方肉桂陈皮去，呕吐砂仁白蔻仁；
咳喘钟乳海浮石，白浊急加茅草根。

【精解】

（1）方药

全当归五钱、参三七二钱、骨碎补四钱、乌药三钱三分、红花苏木汁炙枳壳四钱、生山楂四钱、莱菔子四钱（炒微黄），陈皮二钱，赤芍三钱三分，落和打四钱、血余炭四钱、肉桂末一钱（另包后下），沉香一钱，乳没炭各一钱。

加减法：伤处刺痛去莱菔子，陈皮，加血竭一钱、玄胡四钱。唾血、吐血去肉桂、乌药、沉香，加茜草四钱、生地一两。心绞痛去肉桂、陈皮，加丹参五钱、郁金三钱三分、全瓜蒌六钱。呕吐加砂仁二钱、蔻仁二钱。咳喘加钟乳石五钱，海浮石六钱。白浊加茅根一两。

（2）方义

鸠尾穴正处于剑突部位，内有腹壁上动、静脉，第七肋间神经前分支。邻近肺、胃、心、脾等脏器，故受伤后切莫等闲视之。方中用当归血而去瘀生新，红花苏木汁炙枳壳乃血中之气药，加强理气通络化瘀之功，三七、乳没、红花等活血化瘀，行气散积，加入理气之品，使气血调和而通经畅络。

十三问：乳中穴在什么时候点击为准？伤后的症状及救治方法？

1.点法歌诀

乳中穴在辰时至，击点力透天地转；
胃经被阻至七日，英雄也只空叹息。

【精解】

乳中穴在每天上午的7点35分钟时气血注入此穴，一旦被点击伤，可令乳肿，女子内有硬块，疼痛难忍，状似乳腺炎，兼见胸胁胀闷，时有刺痛感，并出现干呕，呃逆，胃脘胀满，不思饮食，四肢麻木，疼痛连心等症候。

乳中穴一旦受伤，立即推擦膺窗、乳上、乳下、乳根部，以从中央向两边顺推为主。

然后，内服汤药“香郁通络汤”三至六剂，直至痊愈。

2.方药歌诀(香郁通络汤)

香郁通络枳茜柴，通草甲珠留行用；
旋覆竹茹沉香曲，薜荔桔七疗乳中。
肿去茜草通竹茹，加瓜络公英路通；
胸胁刺痛延制乳，呃逆砂仁丁香共；
胁脘胀满不思食，需加内金和香橼。

【精解】

(1)方药

制香附四钱、川郁金三钱三分、炒枳壳四钱、茜草三钱三分、软柴胡三钱三分、通草二钱、炮甲珠二钱、王不留行籽三钱三分、旋覆花三钱三分、淡竹茹三钱三分，沉香曲三钱三分，薜荔果5个，桔梗三钱三分、三七二钱。

加减法：乳肿加蒲公英六钱、路路通三钱三分、丝瓜络三钱三分，去通草、茜草、竹茹。胸胁刺痛加玄胡三钱三分，制乳香一钱七分，干呕，呃逆加砂仁二钱、丁香一钱，胃脘胀满，不思饮食加香橼皮三钱三分，鸡内金三钱三分(另包研末分二次冲服)

(2)方义

乳中穴为后天之命脉，男子受伤尚无大碍。但是，如果女子受伤，断其胃经后天之脉通，轻者终生无乳，重者四十九天会出现危重现象，甚至死亡。故此被列为三十六大穴之一。方中药物均以理气通乳；香附、郁金、枳壳、柴胡开胸舒气，并有软坚化结之效能，诸药合用，达到治疗的效果，同时此方也可治疗乳根穴受伤。

十四问：膺窗穴在什么时候点击为准？伤后的具体症状及救治方法？

1.点法歌诀

膺窗逢辰被打伤，两手挥去血进仓；

二鬼拍门常咳嗽，口吐鲜血一年亡。

【精解】

膺窗穴在每天上午8点钟左右气血注入此穴；挺胸呼气时穴门开。此时一旦点击伤后，会出现咳嗽，呼吸困难，重者呕血，震动心脏停止供血，即休克昏倒。右膺窗被打重者吐血者多；左膺窗被重打者危；重伤十四天死，轻伤二三分者，三十日未死，九十日必死；轻伤失治患终身胸痛症。

膺窗穴一旦被伤，立即点按气门、乳根二穴，再推擦膺窗四周各穴，开胸左右分推数下，抓患者之双肩，咳嗽数声，轻抖数下，再抓拿肩井、极泉、肺俞、中沟四穴。

然后，服用汤药“田七活血汤”。

2.方药歌诀(田七活血汤)

田七活血治膺窗，红竭苏郁沉木香；
二枳苓皮术草陈，党参扶正誉良方。
咳血仙鹤血余炭，痛剧玄胡芍药良。

【精解】

(1)方药

田三七四钱、红花三钱、血竭三钱、苏木二钱、郁金三钱、枳壳三钱、枳实二钱、茯苓皮四钱、木香三钱、陈皮三钱、沉香二钱、白术二钱、党参三钱、甘草二钱。

加减法：咳血加仙鹤草四钱、血余炭三钱。胸中疼痛剧烈加延胡索三钱、白芍三钱、高良姜二钱。水煎，一日两剂，分四次服。

(2)方义

膺窗穴位于胸前神经分支，肋间动脉分支，肋、胸大肌、肋间内膜，肋骨以及胸横肌、肺脏，左侧兼伤心。本穴承受打击力度较大，虽在最暴露的部位也少有被伤，若一旦被伤内痛甚者，内肿，多有停痰。伤重者忌食热烫物和盐，切忌浓盐。方中以伤科圣药田七为主、伍以血竭止痛化瘀，红花、苏木攻逐淤血，郁金、枳壳、枳实、木香、沉香开胸理气而止痛，苓皮、陈皮逐停水并化痰，参术扶正祛邪，甘草调和诸药而达治疗效果。

十五问：巨阙穴在什么时候点击为准？伤后的症状及救治方法？

1.点法歌诀

巨阙遇着亥时伤，冲击肝胆震心脏；
头晕眼花胸剧痛，二甲日衰蜷曲亡。

【精解】

巨阙穴在每天晚上23点时气血注入此穴。一旦被点击后，则现头晕眼花，不省人事，吐血、气闭，胸大痛、呕吐、呼吸困难，站立不起，汗出如珠，甚至昏死（休克）点击力极重伤及此穴，伤者立死，死时蜷蛐如蛇。伤轻三分者，二十八天死，治不彻底，后发淤血攻心，三个月后亦死。

巨阙穴一旦受伤，立即手法治疗，须在后背寻得巨阙骨相依托的大肋骨根部，用双掌同拍肋骨之根，拍下时就可见患者之胸前凸，巨蕨处所伤之骨就会弹起，伤者即可苏醒。另一法是打法救之，向患者后背右边肺底穴处约下半分劈拳打一下，再用双掌拍双肩胛骨处一下即醒。

然后内服“三棱莪术汤”二剂后，继用“朴榔散”至痊愈。

2.方药歌诀（三棱莪术汤）

三棱莪术汤法良，桔贝芍归延木香；
青皮桃仁水煎服，巨阙穴伤保安康。

【精解】

（1）方药

桔梗三钱、川贝三钱、赤芍六钱、全当归六钱、延胡索三钱、木香三钱、青皮六钱、桃仁六钱、三棱八钱、莪术三钱，水煎服二剂后继服下方。

（2）朴榔散

朴榔散治巨阙伤，枳莪七没芍丁香；
内红消与赤苓芝，菖翘急性青皮当；
前胡桃仁干漆烧，共研细粉服酌量。

【精解】

方药

厚朴、槟榔、枳壳、莪术、三七、没药、赤芍、丁香、内红消、赤茯苓、灵芝、石菖蒲、连翘、急性子、青皮、归尾，、前胡、桃仁、干漆（烧至烟尽为度）各一两。

上方共研为细粉和匀，每服一至二钱，白汤送下；依伤势轻重酌情使用剂量。

注意：此穴伤后判断心脏是否受伤，可令患者将舌伸出，舌黑者，心脏伤，不必用药也。

由于打击此穴的方法很多，受伤症状很难一致。如伤者已死，但体尚温者，先用腾骨法，后打牙或撬口灌药。心脏伤切忌用抖的办法，若面色乌紫，喘息不能言语者，说明鸠尾骨已折，多此凡预后不良。

十六问：商曲穴在什么时候点击为准？伤后有什么症状及救治方法？

1.点法歌诀

酉时商曲穴被点，腹痛汗出吐血急；
伤气滞血肠胃震，只存五月丧黄泉。

【精解】

商曲穴在每天19点左右气血注入此穴；一旦受伤，经络受阻，败血逆冲于上引起腹痛、出汗、吐血，小便不通，呃逆，甚至食则呕吐。此穴亦名气门、血门，易与膺窗、乳根，不容等穴混称。该穴伤中多是小肠动、静脉，神经与肠本体伤，伤后失治自感血气上涌，吐血者危，伤重者死。

商曲穴一旦受伤，先点按内关、曲池、不容、梁门四穴。

然后内服汤药“补续汤”数剂，直至痊愈。

2.方药歌诀（补续汤）

商曲伤需补续汤，香附枳杜广木香；
乳没小茴乌通七，降真血竭一用康。
痛剧玄胡七厘散，泄加车曲与山楂；
吐血仙鹤血余炭，大便不通炒大黄。

【精解】

(1)方药

补骨脂(盐水浸泡一宿后炒干)四钱、续断四钱、制香附四钱、枳壳(红花汁炙)四钱、杜仲四钱、广木香三钱三分、制乳没各二钱、炒小茴二钱、乌药三钱三分、木通二钱、三七二钱、降真香一钱七分、血竭一钱。

加减法:疼痛剧者加服七厘散一钱、延胡索三钱三分,泄泻加车前仁四钱、六神曲四钱、生山楂三钱三分、吐血加血余炭二钱、仙鹤草四钱,大便不通加炒大黄三钱三分。

(2)方义

商曲穴所处部位为腹直肌鞘前叶,腹直肌,肋间神经,腹壁上动脉,小肠、腹膜等脏器。方用杜仲、补骨脂,续断疗伤而续伤损,三七、血竭、制乳没化瘀止痛为伤损之圣药,乌药、木香等诸气分药可调气解郁止痛,诸药合用而佐助香附、枳壳的行气止痛通利涤达之效;所以,此方治疗商曲穴受伤疗效较著的理想方。

十七问:期门穴在什么时候点击为准?伤后有什么症状及救治方法?

1.点法歌诀

丑末乳下切期门,青龙闹海不容情;

饮食难进气喘息,皮枯羸瘦只月余。

【精解】

期门穴在每天凌晨3点时气血注入此穴;屈膝,一脚前屈一脚跪于地上,后臀微坐在脚跟上,双手按前屈之膝盖,肘向两侧抬平,此时期门穴穴门即开。此穴有一特殊性,穴门不开时亦可打击,只是不易被伤,伤不立即发作,就是发作也不甚痛,到了第二天或第三天才会严重起来。

期门穴受伤若正当气血注入之时,重者三日死,轻者五日死,故须急治,不可延误。期门穴受伤症状可见伤处漫肿、胁肋胀痛或刺痛难忍,并可见腹部胀闷,食欲不振或食则呕吐,这是因气血瘀阻,气逆于上的缘故;兼见二目胀痛。

期门穴一旦受伤,及时按摩本穴以及日月、京门、梁门三穴,再用全身大推法，患处上下周围分推数下，后按摩揉摸患处，并抓拿肩井、中沟、肺俞三穴。

然后，内服汤药“玳瑁柴胡汤”直至痊愈。

2.方药歌诀(玳瑁柴胡汤)

玳瑁柴胡汤丹茜，蒲黄桃红郁五灵；
炒枳玄胡参三七，期门穴伤服更痊。

【精解】

(1)方药

玳瑁花三钱、软柴胡三钱、粉丹皮三钱、茜草二钱、生蒲黄三钱、桃仁三钱、红花三钱、川郁金四钱、五灵脂三钱、炒枳壳四钱，延胡索四钱、参三七二钱。

(2)方义

期门穴部位正在第六肋间神经，内有第六肋间动、静，邻近肝脏。故为肝之募穴，本方用玳瑁花引药入肝经，疏肝理气，和胃止呕，柴胡佐玳瑁花同入肝经，疏肝理气，丹皮、枳壳、郁金均为理气通络之品，三七、红花、桃仁、茜草可化瘀通络活血，而蒲黄、五灵脂、延胡索入肝经可起到活血镇痛作用。本方为期门穴受伤之必用验方。

十八问：章门穴在什么时候点击为准？伤后的症状及救治方法？

1.点法歌诀

章门逢着丑时来，火速前去买棺材；
瘫软仆地难立起，血枯咳喘两月埋。

【精解】

章门穴在每天凌晨2点30分气血注入此穴；腿屈微蹲呈跪步状，右手微后摆；左手上平举于体前，屈肘时做推掌状，此时两侧章门穴即开。

章门穴受伤如果是正在气血注入此穴之时，伤势严重者三日死，伤势较重者七日死；所以必须急治，方保无虑。章门穴受伤后可见胁肋胀痛，满闷不舒，甚至由于淤血内阻，患者感到刺痛难忍，活动受到限制，手臂不能上举，上举则觉胁肋牵掣作痛，气短、咳逆，食欲不振，神疲乏力，小便不利或见浮肿，咳嗽频繁，全身麻木。

章门穴受伤后的解救手法与期门穴伤的救法相同，通过手法救治后，内服汤药“柴佛四物汤”五至十五剂，直至痊愈。

2.方药歌诀（柴佛四物汤）

柴佛四物章门伤，归芎地芍郁真香；
乳没枳七苏灵脂，山楂白术熬作汤。
疼痛剧烈加血竭，胀满去芎木香上，
咳逆瓜蒌浙贝陈，臂软威灵并姜黄，
乏力碎补五加皮，浮肿车前木虎杖。
食欲不振沉香曲，初伤三棱莪术放。

【精解】

（1）方药

柴胡三钱、佛手花二钱、全当归三钱、川芎二钱、细生地四钱、京赤芍三钱、制乳没各一钱七分、川郁金三钱、降真香二钱、枳壳（红花汁炙）四钱、参三七二钱、苏木三钱、五灵脂二钱、生山楂三钱、生白术三钱。

加减法：疼痛剧烈加血竭一钱七分，胀满不舒去川芎加木香二钱，气短咳逆加陈皮三钱、浙贝母三钱、全瓜蒌五钱，手臂不能上举加威灵仙二钱、姜黄二钱，神疲乏力加骨碎补四钱、五加皮四钱，小便不利，或见浮肿加木通二钱、车前仁四钱、虎杖根五钱，食欲不振加沉香曲五钱，初伤者本方可加三棱、莪术各二钱，三剂后可去之。

（2）方义

章门穴处布有肋间神经，内部邻近肾、脾、肝等脏器，若伤之则令人伤命。本方用四物汤血家圣方加上解郁舒肋、柔肝、和脾之柴胡、佛手花、枳壳、郁金、降真香、生白术、山楂，兼能活血化瘀的苏木、三七、五灵脂、制乳没，以期达到通经活络，舒肝理脾，化瘀定痛，理气愈伤之目的。

十九问：京门穴什么时候点击为准？伤后有什么症状及救治方法？

1.点法歌诀

子时循行至胆经，京门被点笑杀人；
腰肋胀痛血小便，轻伤也只三日春。

【精解】

京门穴在每天的凌晨1点左右气血注入此穴；在双手屈肘，右手摸头，左手摸肘，左脚跟放在右脚膝上；右腿屈膝，背腰微后凸之时，京门穴穴门即开。

京门穴受伤可出现腰痛剧烈，气窜胸肋，小便血，心悸怔忡，咳嗽连声，夜寝不安，腹泻，粪便中带油脂样物，如不能根治者，三月必死。京门亦名腰眼、笑腰穴；伤肾者半日死，伤肝者三日死；由于此穴被打后对手会立即丧失攻击力。因此本穴受到点穴家们的极度重视；若从侧锋攻入，易造成肾被打破的结局，肾破后，伤者一笑即死，百无一生，轻伤失治会留下终身腰疾。

京门穴一旦受伤，先用手法泻三阴交，再补合谷穴的手法；按“泻六补九”原则，用大拇指侧缘下刮三阴交六下，然后，再上推合谷穴九下，双手同时进行操作，疏通全身经络之气。

然后，内服汤药“归地汤”数剂直至痊愈，并外敷七厘散。

2.方药歌诀（归地汤）

京门伤损归地汤，芍红乳没胡麻榔；
青皮乌郁煅然铜，胀痛枳壳棱莪上；
腰痛土鳖杜仲皮，茯神远志疗心慌；
淋血石苇滑木通，痛剧外敷七厘方。

【精解】

（1）方药

归尾五钱、生地四钱、赤芍四钱、红花二钱、制乳没各二钱、胡麻仁三钱、槟榔三钱、青皮二钱、台乌药三钱、郁金四钱、煅自然铜四钱（另包冲服）。

加减法：胸肋胀痛加枳壳（红花汁炙）三钱、三棱二钱、莪术二钱。腰痛剧烈加土鳖虫四钱、杜仲三钱，心慌闷乱加茯神三钱，远志一钱，小便淋痛带血加石苇、滑石、木通各三钱，患处痛剧外敷七厘散。

(2)方义

京门穴被点伤及易造成肋骨骨折，淤血留内，左伤肾、右伤肝；所以、本方以生地、当归、赤芍行血活血，疏通经络，乳没药止痛伍自然铜续骨，乌药、槟榔、郁金疏肝理气，胡麻仁润肠固体，诸药合用乃有定痛疗伤，舒通胆经之效，此为京门穴之专方，佐以外敷七厘散化瘀接骨而定痛，忌用酒。

二十问：神阙穴在什么时候点击为准？伤后的具体症状及救治方法？

1.点法歌诀

神阙若在亥时伤，满腹气窜势难挡；
浑身流汗神晕厥，上下不通七日亡。

【精解】

神阙穴在每天21–23点气血注入此穴；在鼓腹时穴门即开，不鼓腹腰后鞠时穴门即闭合；直立时穴门半开半闭。打击此穴，只要腰不后弓，腹不后凹就可完成打击技术，鼓腹时伤重，直立时伤轻。

神阙穴一伤，腹痛，满腹经窜，四肢无力，浑身流汗，吐血，腹泻或下泻、昏厥，上下不通者死。

神阙穴一旦受伤，立即点按关元俞、石门、璇玑三穴，缓和地从胸前胃部向下运推至丹田部位，在丹田周围上下左右分推疏通。

然后，内服汤药“参车饮”数剂，直至痊愈。

2.方药歌诀

(1)参车饮

神阙伤服参车饮，红芍乌龙破桔梗；
暴汗麻杜吐姜引，两气不接服“救生”。

【精解】

方药：党参四钱、车前仁三钱、红花二钱、白芍二钱、龙骨一钱、破故纸一钱五分、台乌药二钱、桔梗二钱。

加减法：伤轻用原方；伤重暴汗如雨加麻杆三钱、杜仲四钱；疼痛连五脏或上吐下泻，两气不接者用生姜为引。汗如雨下，四肢麻木，腹痛吐泻两气不接，切不可忙乱，急服“救生保元汤”。

（2）救生保元汤

救生保元参一两，红乌龙地与乳香；
木贼甘薄没药配，水煎急服保无恙。

【精解】

方药：人参一两、红花三钱二分、乌药三钱三分、龙骨三钱、生地四钱、甘草二钱，木贼草二钱、乳香二钱、没药二钱、薄荷三钱二分，水煎服。

脐内属小肠与脾二经，脐部重伤，腹内小肠同样也会被打伤，伤者昏晕发热，心中忙乱者七日死；当急治，不分阴阳者不治，轻二分者28天定死，如不治愈，一个月后发病，定死无救。

本部承受打击能力不大，极容易被伤。由于脐部常被裤带等物所保护，被点中者很少，相反被拳打中的倒不少。

二十一问：气海穴什么时候点击为准？伤后有什么症状及救治方法？

1.点法歌诀

戌亥之间气海伤，汗如雨下腹痛狂；
气血上冲口吐红，打重九日命必丧。

【精解】

气海穴在每天21点左右气血注入此穴；在左腿屈膝右脚放在左膝上，左手握拳后摆，右手屈肘立掌作蹲伏时，气海穴门开。

气海穴受伤主要表现在腹部胀满，痛如针刺，自觉有气上逆，攻冲肺胃而见气短喘促，饮食大减，大便秘结，小便自遗，神疲乏力，四肢萎软，面色苍白，夹有青灰浅气色容，血气上冲吐血，严重者可出现虚脱而神志昏迷等现象。

气海穴一旦受伤后的手法解救与神阙穴伤的解救手法相同，通过手法解救后，立即内服汤药“云南田七饮”二至八剂，每日一剂。

2.方药歌诀

(1)云南田七饮

气海穴伤田七饮，枳茴乳没桃麻仁；

橘核厚朴青皮煎，虚脱昏迷“参芪”行。

【精解】

方药：云南田七二钱、枳壳（红花汁炙）二钱、炒小茴二钱、制乳没各二钱、桃仁四钱、火麻仁三钱、川橘核三钱三分、川厚朴二钱七分、青皮二钱。

若见神志虚脱昏迷者，可急服“参芪保命汤”一剂。

（2）参芪保命汤

参芪保命参三七，龙牡沉香效神奇；
气海受伤虚昏迷，急煎伺服立时愈。

【精解】

❶ 方药

野山参五钱、炙黄芪一两、参三七二钱、生龙牡各一两（另包，先煎一小时），沉香一钱。

❷ 方义

气海穴处于腹部，故受伤后极易造成积气而致浊气上逆，气逆于上则见喘促，气不下行则便秘，气化失常则遗溺，气虚不续则神志昏迷，故本方以三七为主药，重用枳壳、炒小茴、厚朴、青皮，枳壳等理气之品，稍佐乳香、没药、桃仁等活血化瘀之品，此为治疗气海穴受伤根本之法。

“保命汤”中用人参、黄芪大补元气，龙牡、沉香镇潜收纳真气归元，加用三七更是匠心独具。《本草新编》指出：“三七根，止血之神药也。无论上、中、下之血，凡有外越者，一味独用亦效。加入于补血补气药中则更神，盖此药得补而无沸腾之患，补药得此而有安静之效也。”故“保命汤”不但可以用于急救气海穴受伤虚脱昏迷，对其他穴位受伤虚脱昏迷，具有同等的效果。

二十二问：元宫穴在什么时候点击为准？伤后的症状及救治方法？

1.点法歌诀

脐下元宫戌时伤，恰似猴儿入肚肠；
上吐下滑无收药，难挨一月见阎王。

【精解】

元宫穴在每天傍晚的19～21点时气血注入此穴；如果正时被点或平时受伤严重者，五日内必有危险，重者死亡。在受伤后可见小腹疼痛，痛如针刺；或见胀痛不已，满闷不舒。由于元宫穴乃人身元气积聚之处，一旦受伤则元气大损，所见症状有神疲乏力，四肢倦怠，气短遗精、阳痿、遗尿，头目昏眩，便血，尿血，女子则见经来腹部胀痛，甚至不孕。

元宫穴受伤后的手法解救与神阙穴受伤的手法解救相同，通过手法救治后，内服“七归饮”五剂，每日煎服一剂，然后再服“参芪复原汤”五至十剂。

2.方药歌诀

（1）七归饮

元宫初伤七归饮，桃红青延乌灵脂；
豆蔻乳没枳实茴，沉香曲及莱菔子。

【精解】

方药：参三七二钱、全当归五钱、桃仁三钱三分、红花三钱三分、青皮二钱、延胡索三钱三分、乌药三钱、五灵脂三钱三分、白豆蔻二钱、制乳没各一钱七分、枳实三钱、炒小茴二钱、沉香曲三钱三分、莱菔子三钱三分。

（2）参芪复原汤

元宫参芪复原汤，蚕蛾紫霄茯沉香；
碎补白术五加七，山萸炙草扶元阳。

【精解】

❶ 方药

党参六钱、炙黄芪六钱、原蚕蛾二钱、紫霄花二钱七分、云茯苓四钱、沉香一钱、骨碎补四钱、炒白术四钱、五加皮五钱、参三七三钱、山萸肉五钱、炙甘草二钱。

❷ 方义

元宫穴在三十六穴中是首八穴之一，一旦受伤，生命危虑。所以在治疗上首进参三七化瘀定痛散结，五灵脂，延胡索行气活血止痛，配以活血祛瘀的红花、桃仁、乳香、没药，理气消胀和胃之枳实、莱菔子、白豆蔻、炒小茴、青皮、乌药、沉香曲，佐以活血行瘀之当归，对初伤气滞血瘀，经络阻滞疗效显著。“复原汤”则以四君子汤补脾胃，加补气血，通经络，壮元宫之黄芪、蚕蛾、紫霄花、五加皮、山萸肉、沉香，配以祛瘀疗伤的骨碎补，三七等上品，坚持服用五至十剂，痼疾可祛，恢复如初。

二十三问：中极穴在什么时候点击为准？伤后的具体症状及救治方法？

1.点法歌诀

戌初击伤中极穴，冲击腹壁破气机；
药石汤进不及时，十日必死不稀奇。

【精解】

中极穴在19点左右气血注入此穴；受伤若正处于气血注入该穴之时，冲击腹壁动、静脉和神经震动乙结肠，伤气机；受伤过重者，立刻致死，若受伤稍重，致大小二便闭塞不通者，其症亦危，若不早治，十日内必死。受伤稍轻，当时虽不觉如何的危险，并不服药，至百日后，亦必因之而死。

中极穴一旦受伤，急用手法点按昆仑、委中、肾俞、膝眼、维道五穴，再按肚脐，缓柔疏动推之，上下左右各数十下，于患处再结合按摩。

然后，内服“逐瘀活血汤”数剂，直至痊愈。

2.方药歌诀（逐瘀活血汤）

逐瘀活血生大黄，棱莪归芍延木香；
砂青乌药苏桃红，煎冲“七厘”中极康。

【精解】

（1）方药

生大黄二钱、三棱三钱、莪术二钱、当归二钱、赤芍二钱、延胡索一钱五分、广木香一钱五分、缩砂仁一钱、乌药一钱五分、桃仁二钱、苏木一钱、红花八分、青皮二钱。

水煎取汁冲服七厘散（七厘散市面有售，服用的剂量按说明书执行即可）。

（2）方义

中极穴的部位有腹壁浅动、静脉分支及腹壁下动、静脉分支（内部为乙状结肠）经点击伤腹痛如绞，大小便闭，方用生大黄、三棱、莪术破血行瘀而通大小便，赤芍、当归、延胡索行瘀止痛，缩砂仁、青皮、广木香、乌药行气通窍止痛，桃仁、苏木辅大黄以破瘀通气行血，红花生新血而逐淤血，加以“七厘散”住痛行血为跌打诸伤之要药，诸药合用相辅相成，实为中极穴伤之要方也。

二十四问：曲骨穴在什么时候点击为准？伤后的具体症状及救治法？

1.点法歌诀

酉末曲骨穴被击，腹痛腰胀便流血；
气滞血瘀周天阻，阴缩汗脱辞世别。

【精解】

曲骨穴在每天19点气血注入此穴；直立前挺腹，即小腹部前顶时穴门开。重伤立即死亡，较重者则见面色青灰，无有光彩，冷汗淋漓，腰胀腹痛，小便闭或流血，骨盆痛，患处胀痛剧烈，两腿发软，行动不便，动则痛剧，男子可见睾丸上缩，俯身不能直立，女子则见子宫下垂，经乱不调等。

曲骨穴伤后的手法解救与中极穴伤时的手法解救相同，通过手法解救后，内服汤药“肉桂温通汤”数剂直至痊愈。

2.方药歌诀（肉桂温通汤）

曲骨穴伤痛难挡，速服肉桂温通汤；
沉竭乳没七橘核，桃红延芍小茴香；
车前仁配枳壳方，阴缩芦巴荔核祥，
疼痛剧烈茉莉根，宫垂阿术保安康。

【精解】

（1）方药

肉桂一钱、海南沉香一钱、血竭一钱（上三药共研细末，用药汁冲服），乳没炭各一钱三分、参三七二钱、炒橘核三钱三分、炒桃仁三钱三分、红花三钱三分、延胡索三钱三分、赤芍三钱三分、炒小茴二钱、车前仁三钱三分、炒枳壳四钱。

加减法：疼痛剧烈，可加茉莉花根七分，睾丸上缩加葫芦巴三钱三分、荔枝核三钱三分；子宫下垂加白术五钱、阿胶三钱三分。

（2）方义

曲骨穴的部位正处于阴部上方，腹直肌、腹白线、膀胱横骨、逐步形成肠、小肠、子宫，深部为膀胱，有骼腹下神经分支，腹壁下动脉，阴部外动脉分支所在，是人体的关键部位。方用肉桂温通肝肾，通瘀外运，海南沉香、炒小茴、橘核、枳壳等药理气通络。三七、血竭、乳没炭、赤芍、红花、桃仁活血化瘀，延胡索止厥阴肝经之疼痛，车前仁引药下行。只有这样，才能力挽曲骨穴受伤之危难。

二十五问：腹结穴在什么时候点击为准？伤后的具体症状及救治方法？

1.点法歌诀

腹结逢着巳时点，槛内猪儿不顺情；
心中闷乱痛如绞，只活两日命归阴。

【精解】

腹结穴在每天9–10点时气血注入此穴；直立上提腿时穴门开。一旦被击伤，即出现腹痛、肠痛、身屈不直、吐血、吐、泻或直泻不收，或吐泻并作，小便不收，大便长流。伤左者，受伤过重，吐鲜血者不救；未见血者稍轻，然亦宜早治，不治四十二日必死；若因伤势尚轻，并未服药调治者，三月必死。伤右者，受伤过重，气闭而死，无药可救。其次者气阻滞，呼吸作痛，不治者，二月后死。因伤势尚轻，忽于治疗，并不服药者，一年后亦必伤发而死。

腹结穴受伤后，急用掌摩擦伤处周围，点按前面相邻穴位，揉按腹哀穴。然后，内服汤药“牡丹汤”数剂，直到痊愈。

2.方药歌诀(牡丹汤)

牡丹汤治腹结伤，归地桃红大茴香；
青陈乌杜延桔梗，二剂后服“七厘”方。
吐泻沉楂去丹桃，吐血仙鹤草蒲黄；
肠痛芍竭乳没炭，临症变通细诊详。

【精解】

(1)方药

牡丹皮五钱、当归尾五钱、生地五钱、桃仁三钱、红花三钱、大茴香三钱、青皮五钱、陈皮三钱、乌药三钱、杜仲五钱、延胡索三钱、桔梗三钱。

二剂后,再用此药汁冲服七厘散。

加减法:吐泻不止去桃仁、丹皮,加沉香、山楂炭各三钱,吐血者加仙鹤草二钱、蒲黄二钱,肠痛者加白芍二钱、血竭二钱、乳没炭各三钱。

(2)方义

腹结穴伤后失治,容易由损伤转成疮疡。治疗时若发现大肠或盲肠确实有伤,肠中有淤血未净的症状当继续治疗,以免造成后遗症。左腹结穴伤大便泻下不止,右腹结穴伤大便不通;故方用桃红四物血家要方以活血逐瘀而生新血,青皮、陈皮、乌药、大茴理气而止吐泻,延胡索止痛,桔梗化脓,杜仲、丹皮配伍而破瘀中有补收;诸药合用而专治左右腹结穴伤之要方矣。

二十六问:灵台穴在什么时候点击为准?伤后的具体症状及救治方法?

1.点法歌诀

背心灵台午时伤,五脏六腑不安康;
金鸡入栖不出屋,心中刀绞殒命亡。

【精解】

灵台穴在每天11–12点时气血注入此穴。此时一旦点击伤,可使人当即昏迷不醒,脊背剧烈刺痛,气闭眼黑,四肢发麻,喘促、干咳,甚至咳血,其人面色苍白无华,语言轻微而无力。

灵台穴一旦受伤,急时点按肺俞、神道二穴,抓拿肩井、极泉、中府、肺俞、中沟、下沟穴位,在患处上下左右分推数次、按摩。

然后,内服汤药"云七栝蒌汤"数剂直至痊愈。

2.方药歌诀(云七栝蒌汤)

云七栝蒌汤归芍,乳没五味炒枳壳;
苏桔桃红广地龙,灵台穴伤需用着。

疼痛血竭七叶莲，喘促降香浙贝沉；

咳血蕊石藕节炭，对症用药要准确。

【精解】

（1）方药

云三七三钱、全瓜蒌五钱、全当归四钱、赤芍三钱三分、乳没炭各二钱、五味子三钱、炒枳壳四钱、苏木三钱、桔梗三钱、炒桃仁四钱、红花三钱三分、广地龙五钱。

加减法：疼痛加剧者加血竭一钱、七叶莲三钱三分，干咳、喘促加降香二钱七分，浙贝三钱三分，沉香二钱，咳血加花蕊石一两，藕节炭五钱。

（2）方义

灵台穴受伤可使肺叶尖底震伤，重者淤血内积故晕闷倒仆，血阻肺络必致喘促、干咳、咳血。故方用三七化瘀止血定痛，全瓜蒌、五味子、桔梗引药入穴，以通经络。苏木、红花、桃仁、当归、赤芍活血化瘀，桃仁且能止咳，乳香、没药止血定痛，枳壳理气，使气机通畅，地龙通络，尤能定喘，方合病意，药到而病除。

二十七问：命门穴在什么时候点击为准？伤后有什么具体症状及救治方法？

1.点法歌诀

命门气聚寿年长，未时被击命必亡；

治不及时仍瘫痪，赖活时日也不长。

【精解】

命门穴在每天13–15点气血注入此穴；撅臀时穴门开。此时一旦受伤，重者三日死，轻者七日死，须立即救治。命门穴受伤的症状可见腰脊刺痛，患穴周围漫肿，腰痛不能俯仰转侧，咳嗽时都感觉震痛难忍。甚者可延伸至两腿痿软，不能行走，最后麻痹瘫痪。兼症可见神疲乏力，头晕耳鸣，小便频数。男子可出现遗精、阳痿的现象；女子可见月经紊乱诸症。

命门穴一旦受伤，立即推拿肺俞、肩井、中沟三穴，再从背后分推数下，按揉患处。

然后，内服汤药“杜仲保命汤”五至七剂，一日一剂。

2.方药歌诀(杜仲保命汤)

杜仲保命汤疗伤，鳖虫桃膝碎蜂房；
地龙三七续断炭，仙桃鹿衔共煎汤。
疼痛乳没炭血竭，头晕党参与炙黄；
瘫痪五鸡蝎花蛇，诸药调治命门创。

【精解】

(1)方药

炒杜仲四钱、地鳖虫三钱、炒桃仁三钱、川牛膝三钱、骨碎补四钱、露蜂房二钱、广地龙二钱、广三七二钱、续断炭三钱、仙桃草四钱、鹿衔草四钱。

加减法：疼痛剧烈加乳没炭各二钱、血竭一钱。头晕乏力加党参六钱、炙黄芪五钱，瘫痪加五加皮五钱、鸡血藤一两、全蝎二钱，白花蛇半条。

(2)方义

命门穴在三十六穴中属首八穴之一，为人体先天之本，藏精所在之地。命门穴受伤乃人之先天之本受到损害，不治即会死亡。失治也易因患肾痛，发毒而预后多为不良。在治疗上存在一定的难度。本方用杜仲，土鳖虫入肾经，督脉而壮命门，强腰膝，逐瘀滞。地龙、蜂房通经达络，续断、牛膝、骨碎补、鹿衔草壮腰止痛兼可化瘀滞。三七、桃仁、仙桃草疗伤活血祛痛，延胡索行气止痛，诸药合用而成为命门穴受伤之主方。

二十八问：尾闾穴在什么时候点击为准？伤后的具体症状及救治方法？

1.点法歌诀

尾闾时逢申时点，犹如狂犬入肛门；
寒热往来腰肚痛，卧床难起一年春。

【精解】

尾闾穴在每天15–17点气血注入此穴。受伤后可令人立刻软瘫，若麻木不觉痛者必死无救。若疼痛剧烈者反而有救。一旦伤后可见尾椎疼痛，牵掣腰部疼痛，腿膝无力，甚至瘫痪，兼症可见便秘、便血、脱肛等症状。

尾闾穴受伤，急在脐下用手推揉摩数十下，点按患处周围穴位，再用醋和艾叶热敷患处。

然后，内服汤药“黄芪碎补汤”数剂，直至痊愈。

2.方药歌诀(黄芪碎补汤)

尾闾穴伤芪补汤，地鳖桃奴归大黄；
灵脂五加花木通，延胡竭七续陈红。
疼痛剧烈制乳没，便秘松子火麻仁；
便血石脂去红竭，脱肛升麻炒枳壳，
瘫痪鹿衔巴戟天，日服一剂能保命。

【精解】

(1)方药

生黄芪六钱、骨碎补四钱、地鳖虫三钱三分、桃仁三钱三分、刘寄奴三钱三分、当归尾三钱三分、生大黄三钱(另包，用药汁泡服)、五灵脂三钱三分、五加皮六钱、花木通三钱、延胡索四钱、血竭一钱、三七一钱、川续断三钱三分、陈皮二钱、红花三钱三分。

加减法：疼痛剧烈者加制乳没各二钱，便秘者加松子仁、火麻仁各四钱，便血者去红花、血竭，加赤石脂六钱，脱肛加升麻二钱，炒枳壳(麸支炒)四钱，瘫痪加鹿衔草五钱、巴戟天六钱。

(2)方义

尾闾穴，又称为鹳口穴。此穴因在肛尾膈中，又处于脊骶骨尽头，布有尾神经的后支，一旦受伤后，经络神经因气滞血瘀受阻而致传导失灵，立即出现软瘫现象。本方用黄芪、五加皮、骨碎补保护神经功能，使之恢复正常。地鳖虫、红花、桃仁、五灵脂、延胡索、当归尾、刘寄奴，续断、血竭、三七重在活血化瘀，行气止痛，通经活络，陈皮佐以理气，木通助大黄化瘀通下；所以，本方对尾闾穴受伤有较好的疗效。

二十九问：海底穴在什么时候点击为准？伤后的具体及救治方法？

1.点法歌诀

海底酉时遭点伤，双蛇入洞难上扬；
痛如刀绞汗如雨，难过七日命必亡。

【精解】

海底穴在每天17–19点气血注入此穴；在体前倾，臀后撅时穴门开。此穴伤多是在意外中发生，打中的时候多半是在穴门未开，及气血尚未注入的时候。因此，此穴不分开或未开均可致伤。伤重者立即死亡，较重者若不治在三至七日内必死。故须急治。海底穴受伤，伤者可当即倒仆、昏迷不醒，苏醒后疼痛剧烈，身体不能直立，面色青紫或苍白泛灰，男子可见阴茎龟头肿胀，睾丸积液，二便不通，其中尤以小便癃闭为甚，肛门肿痛。女子则见阴部肿胀，子宫轻度脱垂，伤处积血现象严重，小便不通，肛门肿痛，月经闭止，或见经乱不调等症状。

海底穴伤，病情危重者伤气晕厥，当急服“苏合香丸”（成品药，市面有售），配合针刺人中，涌泉二穴，待苏醒后即可用温开水冲白糖四两，令其频服，并可同时服用七厘散。若见睾丸缩入小腹者，应急用手挽其阴囊，令不上缩，并取梅片、肉桂各一钱，元寸、樟脑各三分，共研末用醋调匀敷于脐部，则可见其回纳囊中。

然后，内服汤药“海底汤”六剂后，继服“龙牡益肾汤”，配合“海桐皮汤”局部熏洗。

2.方药歌诀

（1）海底汤

海底穴伤海底汤，三七紫荆荔核菖；
威续乳没血余炭，猪延泽苏橘茴香。

【精解】

❶ 方药：参三七四钱、紫荆皮四钱、荔枝核四钱、石菖蒲（剑叶者佳）三钱、

威灵仙四钱、川续断四钱、制乳没各二钱、血竭一钱、血余炭四钱、赤猪苓四钱、延胡索四钱、泽兰四钱、苏木四钱、橘核四钱、炒小茴二钱。

上方服六剂后，再服“龙牡益肾汤”十剂，每日一剂，分二次服，直到痊愈。

❷ 方义：海底穴亦为三十六穴中首八穴之一。内有会阴神经分支，会阴动、静脉分支，会阴浅、深横肌，球海绵体。此穴受伤可令人立时气闭血积，经络阻滞，造成死亡。首先以“海底汤”急救，方用三七、紫荆皮、威灵仙、血余炭，续断、制乳没、血竭、玄胡、泽兰、苏木大量活血化瘀定痛药，配以荔枝核、橘核、石菖蒲、炒小茴理气破滞药、赤猪苓引药下行，直趋病所而组成之良方。续服方重在活血化瘀，行气通络，消肿定痛的基础上稍佐益肾之品，旨在逐步恢复，外加熏洗，内外兼施，此乃治疗海底穴伤之不二法门也。

（2）龙牡益肾汤

龙牡益肾七续补，骨碎山萸莲须乌；
木通橘核炒小茴，中白石仙桃相伍。

【精解】

方药：煅龙牡各一两（另包先煎两小时），参三七二钱、川续断四钱、补骨脂四钱、骨碎补四钱、山萸肉五钱、莲须五钱、台乌药四钱、木通二钱、橘核四钱、炒小茴二钱、人中白二钱、石仙桃五钱。

（3）海桐皮汤

海桐皮汤熏洗良，皂刺伸筋芍徐长；
川芎煎水趁热度，坐在上面蒸熏伤。

【精解】

方药：海柚皮一两、皂角刺一两、伸筋草五钱、京赤芍一两、徐长卿一两、大川芎五钱。

诸药煎水一盆，趁热坐卧于药汤上面以热气熏蒸伤部，待能承受烫时，用药水泡洗裆部，每日一次，直至痊愈。

三十问：肺俞穴在什么时候点击为准？伤后有什么具体症状及治疗方法？

1.点法歌诀

申时若把肺俞伤，震击心肺咳嗽亡；
打重不出三日死，救回终生嗽殃殃。

【精解】

肺俞穴在每天15点左右气血注入此穴。一被点击伤，冲击肋间神经和动脉而充血破气。背部肌肉痛，胸内痛，呼吸受控，气窜前胸，咳嗽吐血，治疗不及时，常咳嗽痰多，痰中带血胸闷不舒，打重者七日死。

肺俞穴一旦受伤，急点按风池、哑门、肩外俞、秉风四穴，再用大拇指按住穴位，从上向患处推摩数次，再随手提动颈中大筋，抓拿肩井、天柱、气舍等穴，外敷“混元膏”，内服“杏苏饮”十至十五剂。

2.方药歌诀

（1）混元膏

混元膏用羚羊血，没漏红升及大黄；
栀甘蔹雄与麝香，高醋熬敷疗内伤。

【精解】

方药：羚羊血八钱三分、没药八钱三分、漏芦五钱、红花五钱、升麻五钱、白及八钱三分、大黄三钱三分、生栀子三钱三分、甘草三钱、白蔹五钱、明雄黄八钱三分、麝香五钱。

以上诸药研为细粉末，用高醋熬成膏，桑皮纸敷患处。然后内服“杏苏饮”十至十五剂。

（2）杏苏饮

肺俞穴伤杏苏饮，降香归骨升甘陈；
白芥籽同水酒煎，痰血蓟贝三七粉，
胸痛剧烈延胡索，咳喘紫菀款冬临。

【精解】

❶ 方药：杏仁二钱五分、紫苏梗二钱、降真香一钱、当归五钱、骨碎补二钱、升麻五分、甘草二钱、陈皮二钱五分、白芥籽二钱，水酒各半煎服。

加减法：痰中带血加大、小蓟各二钱、三七粉一钱、贝母二钱，胸痛剧烈加延胡索三钱，咳喘严重，气不相接加紫菀，款冬花各三钱。

❷ 方义：肺俞穴处有肋间外肌，肋间神经，肋间动脉，震心肺脉，受伤后会长期咳嗽吐痰，痰中带血。本方用杏仁润肺止咳，陈皮、降香、苏叶芳香理肺气，健胃和中而辅佐杏仁平喘，当归，骨碎补活血伍降香止痛、止咳。当归止咳逆上

气，补血和血，润燥滑肠，《神农本草经》载当归“主咳逆上气”。内润脏腑。紫苏梗通血脉治吐血下血。《侣山堂类辨》载：“紫苏枝茎能通血脉，疏通十二经之关窍，治吐血下血”。升麻乃升提肺气要药，甘草调和诸药而治百病，故此方为肺俞穴伤之要方矣。

三十一问：肾俞穴在什么时候点击为准？伤后有什么具体症状及救治方法？

1.点法歌诀

未时击中肾俞经，气机被伤莫想生；
咳嗽吐痰血小便，肾破一笑归黄泉。

【精解】

肾俞穴在每天15点钟左右气血注入此穴，一被击伤，冲击肾脏，伤气机，腰痛，便血、骨折，咳嗽，受伤过重者立死；口吐鲜血或痰中带血者皆系危象，不易救治；若不见此现象者可治，治不及时易出现截瘫的症状。

肾俞穴伤后的手法救治与命门伤后的手法救治相同，通过手治解救后，急内服“归尾汤”一剂后，续服“地黄汤”数剂。

2.方药歌诀

（1）归尾汤

肾俞伤服归尾汤，芍莪延青大茴香；
补骨桃红菟丝乌，苏木冲服“七厘”康。

【精解】

方药：当归尾三钱、京赤芍二钱、蓬莪术二钱、延胡索三钱、青皮二钱、大茴香一钱、补骨脂二钱、桃仁二钱、红花一钱，菟丝籽二钱、台乌药二钱、苏木二钱，煎水取汁冲服七厘散一分。

然后继服“地黄汤”，每日一剂，直至痊愈。

（2）地黄汤

地黄汤治肾俞伤，黄柏乌蛎泽茴香；
延红苏甘柴草杜，制乳木瓜童便尝。

【精解】

方药：细生地三钱，黄柏二钱，乌药二钱，牡蛎三钱、泽兰一钱五分、小茴香一钱、玄胡索三钱、红花一钱、苏木三钱、甘草五分、紫草三钱、杜仲二钱、制乳香三钱、木瓜一钱，水煎取汁加童便半杯兑服，日服二次。

注：此穴伤容易发生腰椎骨折，伤肾者不治，单纯小便出血，是肾内出血，发笑是肾体破裂，单纯腰骨折断者，可用牵引法使之归位，内服“正骨紫金丹”（成品药，市面有售），外敷“接骨膏”（成品药，市面有售）；同时可与治疗命门穴伤，志室穴伤配合运用。

三十二问：厥阴俞穴在什么时候点击为准？伤后有什么具体症状及救治方法？

1.点法歌诀

厥阴俞乃膀胱经，破伤气机与肺心；
申时若遭点击打，咳嗽吐血命归阴。

【精解】

厥阴俞穴在每天15–17点气血注入此穴；厥阴俞受伤冲击心、肺二脏，破气机，易死亡。症现心悸、流汗、咳嗽吐血，周身无力，胸背痛，呼吸隐痛；若被打重会立即吐血而死。

厥阴俞一旦受伤，立即点按肺俞、神道二穴，抓拿肩井、极泉、中府、肺俞、中沟、下沟，在患处上下左右分推数次，按摩后，贴上“混元膏”（参见肺俞穴伤救治法），内服“防风汤”五至十五剂：

2.方药歌诀（防风汤）

厥阴俞伤防风汤，归芍威灵陈姜黄；
银桔肉桂乌柴胡，汗下黄芪浮麦良。
心悸茯神枣远志，无力延胡续淫羊；
吐血三七仙鹤草，煎汤服下保周祥。

【精解】

（1）方药

防风三钱、赤芍四钱、当归四钱、威灵仙三钱三分、陈皮三钱、姜黄二钱、银花五钱、桔梗三钱、肉桂一钱、乌药三钱、柴胡三钱。

加减法：汗出如雨加黄芪四钱、浮小麦五钱，心悸心慌气短加茯神二钱、枣仁三钱、远志三钱，周身无力，疼痛较剧加川续断三钱、延胡索二钱、淫羊藿三钱，吐血者加仙鹤草五钱，三七一钱。

（2）方义

厥阴俞穴伤左吐血，伤右咳嗽，两手无力，疼痛难当，乍寒乍热，咳嗽吐血成痨则死。方用防风为主药，以入背部之经，除一切风邪治背痛，伍以威灵仙通络止痛，疗一切麻木瘫痪；当归，赤芍、姜黄活血化瘀，逐伤处之恶血，陈皮利水除痰，乌芍柴胡理气止痛，并除寒热往来，银花、桔梗解毒止咳逆，配合肉桂温中补阳，散寒止痛，主上气咳逆，入血分而血气畅行，使人平和；诸药和用，为调理厥阴俞穴之伤，有独到之功。也可与肺俞穴伤的用药互相借鉴调治。

三十三问：气海俞穴在什么时候点击为准？伤后有什么具体症状及救治方法？

1.点法歌诀

申时气海俞被击，肾脏受损阻血气；
小便淋血药亡效，百日黄昏泪哀啼。

【精解】

气海俞穴在每天16点左右气血注入此穴；此时受伤冲击肾脏，阻血破气，重伤者立刻致死；稍重者不及早医治，一月亦死。若治不彻底，而仍旧不能完全复原者，一年内亦伤发而死。

气海俞穴一旦受伤，急推拿肺俞、肩井、中沟三穴，再从背后分推数下，按揉患处，速内服“归仲汤”二剂，续服“十三味总汤”二剂。

2.方药歌诀

（1）归仲汤

气海俞伤归仲汤，桃红芍莪延胡索；
乌青苏桔补骨脂，冲服“紫金丹”一勺。

【精解】

方药：当归尾三钱、杜仲三钱、桃仁二钱、红花六分、赤芍三钱、莪术三钱、延胡索三钱，乌药三钱、苏术三钱、桔梗二钱五分、补骨脂三钱。

水煎取汁冲服“紫金丹”（市有售）一汤勺。二剂后不愈，续服下方。

（2）十三味总汤

十三味（总）汤疗诸伤，延乌棱莪青木香；
碎补苏木归赤芍，缩砂仁与生大黄。

【精解】

方药：延胡索三钱、乌药五钱、三棱五钱、莪术三钱、青皮三钱、木香三钱、骨碎补二钱五分、苏木三钱、当归尾三钱、赤芍三钱五分、缩砂仁五钱、生大黄四钱。

注：气海俞穴受伤后的药物救治，可同时参考肾俞穴、志室穴的方药，并外敷“混元膏”以加快伤部的痊愈。

三十四问：环跳穴在什么时候点击为准？伤后有什么具体症状及救治方法？

1.点法歌诀

子时气血注环跳，一点下肢如箭绕；
打重倒床易瘫痪，终生残疾药亡效。

【精解】

环跳穴在每天12点30分时气血注入此穴；此时一旦受伤，可见患处以及腰腿疼痛剧烈，可放射至脚跟部，并见腿足挛缩，不能屈伸和行动，大腿脱臼，发酸难忍，严重者可致瘫痪。

环跳穴一旦受伤，可点按委中、五枢、维道、膝眼、肾俞、昆仑六个穴位。

然后，内服汤药“独活牛膝汤”十剂，每日煎服一剂。

2.方药歌诀（独活牛膝汤）

环跳穴被重击伤，急服独活牛膝汤；
三七碎补铁包金，桃红续威木瓜襄；
补骨脂与五加皮，痛剧血竭蔓陀上。
瘫痪马前金雀枫，挛缩伸筋千年尝。

【精解】

（1）方药

川独活五钱、川牛膝四钱、广三七二钱、骨碎补四钱、铁包金四钱、桃仁三钱三分、红花三钱三分、川续断四钱、威灵仙四钱、宣木瓜三钱三分、补骨脂四钱（盐水浸一宿炒干）、五加皮六钱。

加减法：疼痛剧烈加血竭一钱，蔓陀罗花一分，瘫痪者加马前子七厘、金雀花三钱、枫荷梨六钱，腿足挛缩加千年健三钱五分、伸筋草三钱。

（2）方义

环跳穴用现代解剖学来分析，则因布有臀下皮神经，臀下神经，坐骨神经，所以，十分容易形成瘫痪不举，不论轻重，必须及时诊治；否则，气血阻滞经络，除瘫痪之外，极易经发骨疽，故宜慎之。本方所用之药物均行环跳穴所行之道，兼以活血祛瘀。但必须服用五剂以上，方能奏效。

三十五问：志室穴在什么时候点击为准？伤后有什么具体症状及详细救治方法？

1.点法歌诀

申时巧点志室穴，腹胀咳嗽腰难伸；

轻点三十六日死，肾坠一笑即归天。

【精解】

志室穴在每天15–17点气血注入此穴；在双脚下蹲，上体俯于双大腿上，双手体前抱拳，目上视时，穴门即开。此时一旦被伤，即出现腰痛、小腹胀，咳嗽，腰屈难伸；受伤过重，顷刻即死。凡是两耳失聪，额黑面浮白光，或常如哭泣状，或常如嬉笑状者，皆系死征，盖左为哭腰，右为笑腰。肾坠者一笑而死，稍轻者可治。

志室穴一但受伤，急推拿肺俞、肩井、中沟三穴，再从背后分推数下，按揉患处，后辅以内服“七仲汤”数剂直至痊愈。

2.方药歌诀（七仲汤）

七仲汤治志室伤，故纸龙胆大茴香；

威灵青皮台乌甘，桃仁茯苓与大黄，
玄胡索兼菟丝籽，煎汤还需矮脚樟。

【精解】

（1）方药

云三七一钱、杜仲五钱、破故纸五钱、龙胆草二钱、大茴香二钱、威灵仙三钱、青皮二钱、台乌药一钱五分，甘草一钱、桃仁二钱、茯苓三钱、大黄一钱、玄胡索三钱、菟丝籽三钱、矮脚樟二钱。

(2)方义

志室穴内有背阔肌，髂肋肌，有第二腰动、静脉背侧支，布有第十二胸神经后支处侧支及第一腰神经外侧支，腰骨，肾脏所处之地，一旦受伤冲击腰肋，静脉和神经，震动肾脏而伤内气。故方用三七祛瘀止血镇痛，杜仲、破故纸补肾安神，专治腰痛，大茰、矮胖脚樟、青皮理气通络、台乌药、桃仁、玄胡索活血兼能得气，气血通则痛定，茯苓，大黄利水而行瘀，菟丝籽益肾补肾，诸药合用，达到活血化瘀止痛，固肾兹阴，标本兼治，实为志室穴之良方。特别注意，本穴伤易同肾俞穴伤相混，宜细辨之。伤后不笑不死，一笑即死。

三十六问：涌泉穴在什么时候点击为准？伤后有什么具体症状及救治方法？

1.点法歌诀

酉时气血注涌泉，气血受阻易软瘫；
心脾肺损二七死，一旦失治投阎关。

【精解】

涌泉穴在每天17点时气血注入此穴；脚五趾向内抓紧时穴门开，脚趾反向脚背时筋门开。受伤后则气血受阻不能通并，轻伤无甚知觉，重者可令人昏迷，腿足痉挛，不能行动。如果瘀阻本经可出现阴部疼痛，小便癃闭，伤入心经则鼻衄目赤，精神失常。伤入肚经则软瘫不举，肢体痉挛。伤入脾经则水湿积聚，肿满，甚至发为水泡而烂。伤入肺经，则咳喘上气，胸胁作痛，甚至咳血，失治十四日必死。

涌泉穴一旦受伤,立即点按大钟、飞扬、太浮三穴,加在患处周围上分推揉摩。然后,内服汤药“灵仙饮”五至十剂。

2.方药歌诀(灵仙饮)

涌泉穴伤灵仙饮,牛膝伸筋千年健;
木瓜加皮骨碎补,车前枳桃徐长卿;
泽兰三七肉苡仁,鼻衄柏馀菊花根,
阴肿橘核生山栀,痉挛花蛇龙血藤;
精神失常菖僵蚕,胁痛玄胡沉降真;
肿满防己甘木通,咳血藕节炭五钱。

【精解】

(1)方药

威灵仙三钱三分、川牛膝三钱三分、伸筋草三钱三分、千年健三钱三分、宣木瓜三钱三分、五加皮五钱、骨碎补四钱、车前仁三钱三分、枳壳(红花汁苏木汁炙)三钱三分、炒桃仁三钱、徐长卿三钱三分、泽兰三钱三分、三七二钱、肉桂一钱(另包研末用药液冲服),生薏苡仁二两。

加减法:鼻衄目赤加血余炭四钱、川黄柏三钱三分、菊花根三钱三分,阴部肿痛,小便癃闭加橘核五钱、生山栀三钱三分。软瘫不举,肢体痉挛加白花蛇七分、地龙四钱、鸡血藤一两。精神失常加白僵蚕四钱。胸肋作痛加玄胡索四钱、沉香一钱、降真香二钱。肿满加木通四钱,甘草二钱、防己三钱三分。咳血加藕节炭五钱。

(2)方义

涌泉穴为血之大关,亦是三十六穴中首八穴之一。伤必淤血阻滞,除本经属肾外,还可影响其它脏腑经络,故本方以治本为主,兼以活血化瘀为辅,才能事半功倍,通血之大关。所以,此方乃治疗涌泉穴伤之要方矣。

三十七问:在点穴术中,有哪些穴位一被打中就不能救治?

天门晕在地,尾子不还乡,
两肋丢开手,腰眼笑杀人,

太阳并脑后，倏忽命归阴，
断梁无接骨，脐下急亡身。

【精解】

天门穴，即头顶的百会穴，一旦用泰山压顶势的手法伤后，便会晕倒在地则无救。尾子穴即尾闾、海底二穴。“两肋丢开手”是伤期门章门二穴。腰眼指京门穴。太阳穴和脑后的玉枕穴、风府穴、风池、哑门穴被打都会立即死亡无救。梁者，指天柱骨，将督脉一钱的脊骨打折后，都不能接活。脐下指丹田穴，打中最易导致死亡。

上止天庭二太阳，气口血海四柔膛。
耳后受伤均不治，伤胎鱼目立时亡。
前胸二心并外肾，鱼目定睛甚张忙。
肋梢插手难于治，肾俞丹田最难挡。
夹脊断时休下药，正腰伤笑立时亡。
伤人二乳及胸膛，百人百死到泉乡。
出气不收无药石，翻肚吐粪见阎王。
囟门骨出阴阳混，君侧何须寻妙方。

【精解】

这首诀介绍了打伤即无法救治的穴位和一些不救的症状。穴位分别是头顶的百会、神庭，两个太阳穴；人迎、气口、血海、柔膛；耳后的风池、玉枕穴；前心的鸠尾，后心的灵台，以及外肾即阴囊中的睾丸。凡被打后像死鱼眼向上翻白时，无法救治。肋下章门、腹结穴伤难治；肾俞穴、丹田穴、脊骨断折无药救。京门穴、志室穴一伤发笑必死，乳中乳根以及膻中穴被打后，均是百打百死，难有救活的。穴伤后只有出气，没有进气无药救。呕吐粪便，囟门骨破，脑髓出等，都是残败症；习练此术者都要谨记。

至于此，考问告一段落，学习者当细心阅读熟记，至纯熟后，即可开始修炼第二层功夫。

四、指功精解(四步练法)

指功为武当流通门穴谱的第四步练法。

点穴术的威力,则在指之点击。然而指头的力量毕竟有限,所以,武林中人常用特种器械以代替手指点穴,如:点穴针、判官笔、峨眉刺等。

其实,点穴术不仅仅在于手指的坚硬上,一般人练习指功大都是插沙、戳壁的方法,将一双手指练的是茧子重重,甚而手指变形,于形象上一观而知是个蛮练高手。即使是指能洞肉的惊人功夫,但与点穴蕴含及所要求的精确、灵巧、奇袭等要则相悖。

真正的点穴功是触体才发力,施的是暗劲和穿透劲,在形势上有伸指以指尖肚为力点的,也有屈指以根节与第二关节凸为力点的。但此二法都有各自的修炼原则, 首先需将出拳的发力方法练熟后, 再习伸指的发力就比较容易掌握。

(一)触体发力拳

触体发力的技术速度快,准确性很强,不比一般拳术的发拳动作要拉开一定距离,再蹬脚、扭髋、旋臂将拳向前发出,虽然这种出拳力吏的摧毁性很强,由于距离的关系,速度相对的就较慢,又因有一段距离,拳击中目标的准确度就不一定那么理想。而触体才发力的技术,就像一根针,轻轻一送便穿入敌体内腑,在中国武林中,习惯称这种打击法为“内功”。

任何一个拳种的技击法都要求有一个正确的姿势，然后才能将其力度发挥到最高水平。而一触即发的出拳就不一样了，它不需要摆什么姿势和出拳的位置，是一种自然而然随心所欲触体即爆炸钻透的武技，所以，它是贴身近战击点穴术中最优秀的一种击打技术。

触体发力的力量直接来源于拳的大臂、小臂、腕，甚至是手指关节间的运动，这种发力方式与那些力量来源于腰、背、全身肌肉群的武术体系形成鲜明对比。

触体发力法的出拳之前并不是拳，一般都是仰掌或俯掌，大部分是从防御手段出发的，就有点类似“出手软如绵”一样，粘住才着力，不要以为出手软而无力，便没有速度。作为触体发力拳来说，假如出手过硬会惊敌出力抗拒，为我方下一次的发力制造了困难。并且，这种“软如绵”不是说真正的软而无力，而且是要有一种粘力的软。

触体发力点穴拳的出拳方式有两种：一为仰掌逆时针屈指抖腕则成俯拳，力点在中指的第二关节凸上；一为俯掌顺时针屈指抖握则成仰拳，力点仍在中指的第二关节凸上。训练方法重在一个“抖”字上，在迅速弯曲手指屈握时，蓄势一旋、一抖。旋为钻透力，抖为冲撞力，就像螺钉入木一样。开始都以空练为主，也不需摆什么架势，掌握方法之后，就可于行、走、坐、卧之间均可练习。一般情况分为二种训练法，开始为屈肘臂，为贴身战创造条件，继之将手臂伸直训练，为追击打法创造条件，两种训练法的要点都是相同的。

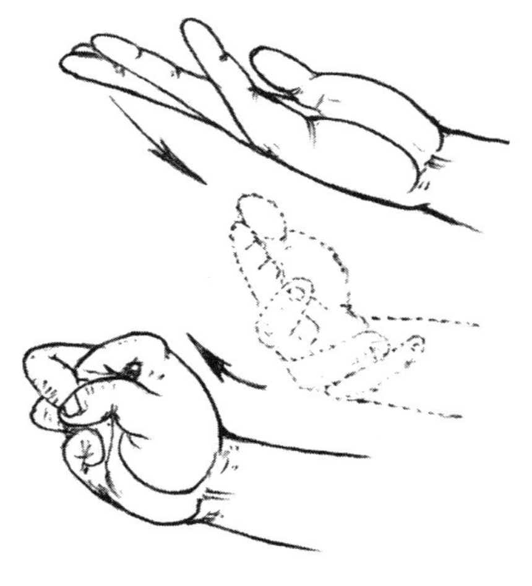

图 4–1

习练触体发力的点穴拳：

1.先将手掌平展，掌心朝上，然后手指内旋划，至掌心对面时，迅速屈指抖腕上提，拇指紧扣食、中二指梢节成鸡心凸指拳势，拳心朝下。（图4–1）

2.接着，伸张五指，再外勾划指至指尖下垂的同时，左旋臂腕，屈指抖力成仰拳，使拳有上钻之力，拳心

向上，拳型与俯拳同。（图4–2）

在近距离发拳练习纯熟之后，可逐渐拉开距离，一般都是两手交替发拳练习；这样训练也不需要任何辅助器械，也不需打击沙袋，经过一段时间的刻苦训练，你定会发觉自己出拳时的巨大威力。

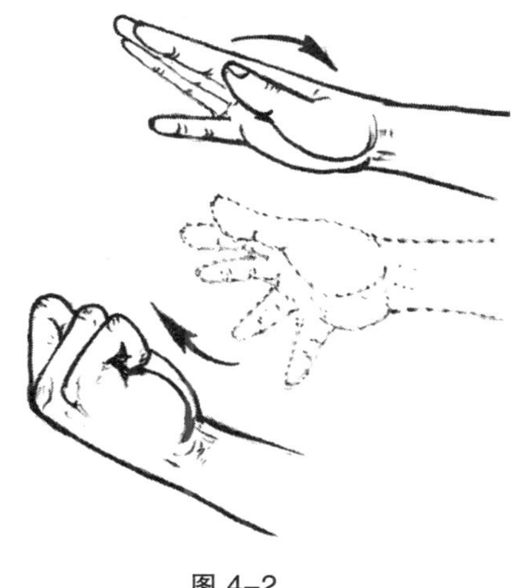

图 4–2

（二）触体发力指劲功

在掌握了触体发力的拳势方法后，于指劲的练习就事半功倍了！指劲的练法纯属“暗力”，在指尖贴着实体时的蓄势“抖”劲，这种劲力的性质是“穿透”性的，练到一定的境界时，“指”着人体一发暗劲后，从人体外表的皮肤病看不出伤势的，可内层经脉血路则受损。

图 4–3

练习之法：取圆形或方形坚硬的青砂石一块，重以100千克为准，上凿一孔供拴链之用，四面磨平至光滑。然后吊于一木架上，石高与练习者胸高为度。

练习之法：

以食中二指抵贴于石上，指、腕、臂均曲蓄放松。随之臂、腕、指猛一紧张用力，指尖即推劲抵石。（图4–3）

初之训练，石头毫无动静，只要每天坚

持早晚各发劲抵石1000次以上，并可配合鼻喷气发力，一个月之后，指一着石，石必被指劲荡开。此时可将石换成150千克重，坚持不懈的练习一年后，点穴之指功就算告成。

记住，练习时指尖不能离开石面，指不着石面不可发力；只有这样的训练，才能养成出手寻穴的准确度，即“有的放矢”，并能完成指尖触体后的爆发力的穿透性劲力。

在训练时，如出现指、腕关节有疼痛之感时，可用地骨皮煎水，加食盐少许，水温以手指能承受为度，将手放入水中泡烫，若手部有破处，切忌使用！

(三)点按劲功

此法是用各种点穴手型在铁沙袋，进行点、按、戳、压等发力练习。

一、沙袋制作

用帆布缝制成长、宽各30cm，厚度为5cm的方形布袋。内装满5mm铁珠10～20千克。

将制好的沙袋挂于墙壁或平放在坚实木凳上，即可练习。

二、练法

练法要点以手接触沙袋上发力为主，不可将手与沙袋的距离分开。

1.凤眼捶：利用触体发力法在沙袋上进行左右手食指关节突练习。（图4–4）

2.鸡心锤：利用触体发力法在沙袋上进行左右手中指关节突练习。（图4–5）

3.蛇头指：半握拳，拳面贴住沙袋，利用拇指抵按沙袋练习。（图4–6）

图 4–4

4.龙形掌：掌四指按于沙袋上，掌大小鱼际悬离，拇指略屈按在沙袋上，发力扣按练习。（图4–7）

5.标手：四指并紧，掌尖抵在沙袋上，发力练习，力点多以食、中、无名指三指指腹为准。（图4–8）

6.剑指：食中二指伸直，拇指压住无名指和小指，将食中二指尖抵住沙袋，进行发力练习。（图4–9）

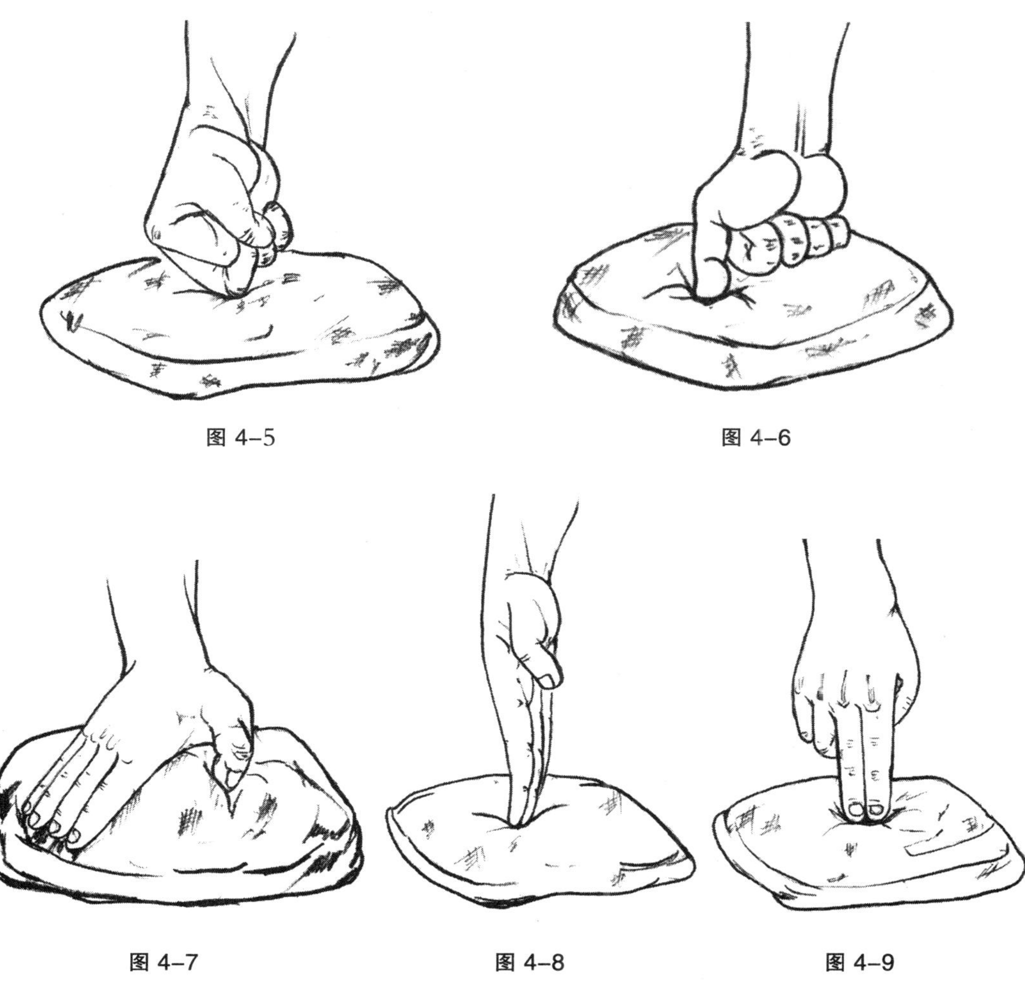

图 4–5　图 4–6

图 4–7　图 4–8　图 4–9

五、点打法精解(五步练法)

点打为武当流通门穴谱的第五步练法。

点打一步的训练,其实质就是求取出手击穴的准确性,以及训练出于临阵时能随意洞悉遇时寻穴的高度准确应变能力。

武当派的武技特点是“沾粘连随”的,不贴触敌体是不会发出攻击以及反弹性的爆炸劲力的;由于这种特性,则为出手攻击的目标准确度即具事半功倍之效!但是,都必须要通过特殊的秘法进行训练,方能百发中,所中能不偏不倚后,用以临敌,自能轻灵活泼,任意指点,无不命中。

训练的方法,是在前面“指功”的基础上进行,练习“指功”时没有要求所点之目标,完全目的是为指尖的触体发力,而这一步则要求出指都按要求位置发出,此不但能练出攻击的准确性,而且同时锻练了指力的触体爆炸渗透劲。

工具的制作:

选长120厘米,宽33厘米,厚30厘米的青砂石一块,按人体上部的形状凿成人体模型,用砂轮将其磨光滑平整,以笔标出人体的三十五个要穴(因涌泉在脚底不在其列),每穴钻成圆孔槽,用红色油漆做标记,然后于石人之头顶钻一深孔,用水泥铸入铁条,上留一环作吊挂之用。将其吊在一支架上,与己身一般高低挂于架处装一轴承,以便让其能旋转即可。

准备停当后,即可按“指功”的出手方法对石人进行练习,初时,出手切不可用力,以伸指即能点入或按入穴孔中则可。(图5-1、图5-2)

进行各种手法、身法、步法的变化,进行对35个穴孔练习。至能每出指即能按准时,再以意识某一穴为击点目标,口中念出其名,手即已按上,并且拇指尖或中指尖按入穴孔内准确无误。至此际,开始运劲发力的练习,每当出手按入穴孔时，按前面“指功”的发力方法“抖震”之。

按上法练之数月，确以纯熟时，则于每日夜间练之，并于思维中体感自身之穴在何处，出手按向石人与己相同之部位，初习必不能随心所欲，非日积月累不能成功，此法一旦功成，能于不用眼看，即可伸手点中对方身上要穴，诚此惊人之绝技，须益眼力作辅的智慧悟辨加身体力行，方可臻成功矣！

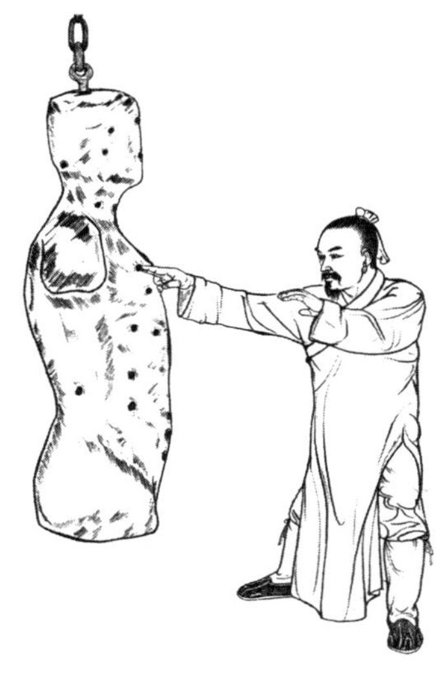

图 5–1

图 5–2

六、眼法精解(六步练法)

眼法为武当流通门穴谱的第六步练法。

武术技击讲究“眼到手到”,眼为心灵之窗,脑之侦探,拳谚中誉之为:“心(脑)为元帅,眼为先锋”“百拳之法,以眼为尊”“眸子练得精,制敌占上风”“其机在目,敌情预晓”等。确实,眼在实搏中,无论以直视或用余光观察对方,都能有效地目测距离,判断对手所使用的技法和应用的战略战术;这对于进攻和防御起到有效的作用。

(一)功能作用

1.观察

武技中讲究“眼观六路,耳听八方”。眼观六路指的是在实战搏击中以自身为主体的六个方向,即前、后、左、右、上、下,均在自己的视线范围之内,通过眼神的注视,进行目测,掌握和控制好与对手的距离,判断对手的战略企图和具体战术变化,方可抓住战机,灵活应变。所谓“知已知彼,百战不殆。”有效地进攻和防御,这在一对多的格斗中显得重要。拳谚曰:“手到眼不到,瞎马踏糊沼”,必将自己陷入盲目之中,应接不暇,处于被动。

2.威慑

技击诀云:“一打眼、二打胆、三打力量、四打闪”。所谓的“一打眼”,是指目光要炯炯有神，锐如鹰隼，寒气逼人；眼中有神，神中有威，尚未交手，先夺敌心魄，威严凌厉的眼神，往往在气势上能压倒那些经验不足的对手，在心理上造成对手紧张和畏惧，使其对自己的技术能力和攻防手段产生怀疑，影响其技术的发挥。传统武术中称此为“神光笼罩”。

3.诱惑

眼的诱惑作用为战术之一，“神出于心，表露于目”，眼是观察器，亦是阴晴预报牌。在敌我搏斗中，眼睛是双方注视的目标，均欲通过“察颜观色”进行分析，判断对方的技艺、战术、情绪、体力等变化，以做出相应的对策。如用目光“注视”对手的眼睛，而用余光却悄悄地审视对方的腿部，当对方明显察觉到注意他的面部时，一种本能的反应使其不自觉地将防御的重点移到上体，就在这一瞬间，采取突然、迅速的低型腿法重击对方的小腿关键部位，使对手遭到意想不到的攻击。我方利用这种反射规律，一反常规，眼东击西，眼上踢下，使敌无规可循，思路紊乱，难以招架；若棋逢对手，遇上强敌时，我眼神显示无畏、坦然，可削弱敌之斗势；敌若急燥求胜心切，我则双目表露挑逗之意，必激怒于他，使其胡乱打击，我则伺机拣漏，突击破绽，制敌取胜。

点穴术中的有关眼功，比之平时武技的要求更高，不但要转动灵活，要有视移之锐，关键在疾速数物。

（二）眼功练法

1.定穿眼

找一片空气清鲜的空旷之地，任选一个适宜的目标，进行固定静止性物体练习。面对目标站好后，“怒目双睁”盯住正前方目标保持不动，好似要将眼前注视的物体看穿一样。如：设想看穿前面树杆里面的年轮和树心；对着玻璃镜正视自己的眼睛，设想看透里面的器官和反照物。

（1）此种练法可任选站、坐姿势，初练时间不要太长，中途需闭目休息半分

钟。在“注视”的过程中，眼睛不要眨动，不斜视，尽量睁圆。呼吸自然，全神贯注。（图6-1）

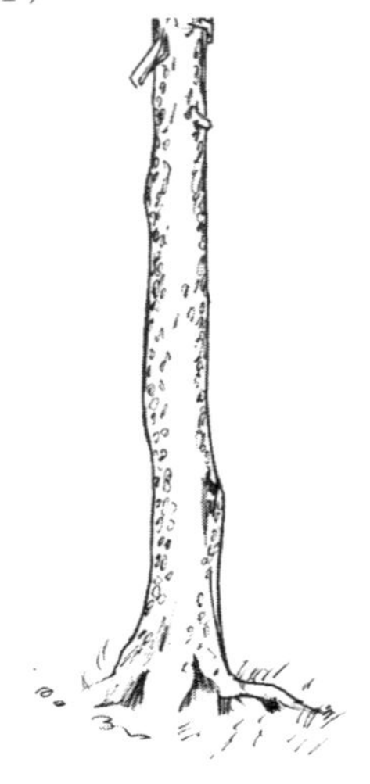

图 6-1

（2）每日清晨，站在山丘上，目注初升太阳。觉得双目酸痛流泪时，闭目调息一会，再睁眼注视太阳。（图6-2）

图 6-2

2.晃眼

练习时头部保持不动，首先双眼做左右晃眼练习，再将两眼由右侧位置向上，盯住中线上方的极限角度。定住一会儿后，再垂直向下视最低的极限角度。还可以做“△”形或“☆”形等多角度练习。

上下晃眼的动作要尽力将下颏上抬和内收，两眼圆睁，左右晃眼头部及身体各部要保持静止不动，眼球晃动要充分。每组为10次，每组间目略微休息。

3.旋眼

头部保持不动，延双眼边行能看到的极限角度，按顺时针成逆时针方向做圆形的旋眼动作。初习者每练习顺逆各三圈后休息一会。（图6–3 ~ 图6–7）

图 6–3

图 6–4

图 6–5

图 6–6

图 6–7

旋眼对眼球活动要做到充分，尤其初学时不宜速度快，要做到稳缓、顺达、灵活。总之锻炼的次数可据本人情况灵活掌握。

4.转视

马步姿势站立，上体以腰为轴，依次分别向体右后方、左后方转体，眼睛随势看体后方的极限角度。（图6–8、图6–9）

图 6–8

图 6–9

分别向两侧转体时，两脚要抓地，脚位不可移动。身体重心落于两脚之间，保持重心平稳。转体不要停顿，速度要适中，初练时要做到柔缓、沉稳。呼吸自然，不可憋气。开初练习之时为了避免产生眩晕现象，可在转体过程中做暂时闭眼，好将到达位置，终点的瞬间突然睁眼注视目标。

5.领眼

领眼是技击搏斗时最重要的一种眼法，即“眼随手走”。练习时可由自己一手竖指，左右上下前近各个不同部位移动，两眼死死盯住手指头不放，或者一人用手指晃动进行盯指追视和定眼不眨的方法。一人用泡沫棍或拳击手套突然向你眼部击来，而双目圆睁，不闭眼，进而判断所击的距离；以此训练眼神的快速、敏捷。

总之，长期、正确的练习眼功，进行有意识的训练，无论是针对于技击格斗，还是拳法演练，以及平时的工作学习和生活，身心健康等都大有益处。

眼功不但需要训练，更重要的还在于保健！由于眼功练习时，不但眼睛要尽量睁大圆瞪，且不能眨眼，尤其是初学者，可能会出现头痛、眼花、眼球麻胀、眩晕等症状，虽是不习惯引起，通过一段时间会消除，但无疑是影响了行功进程。初练时，动作可柔缓一些，在练习感到乏力时，可轻闭双目体息一会，眼功锻炼期间，要特别注意饮食起居和情绪的安稳，少吃辛辣刺激性食物，避烟酒。伏案工作时间过长，中间要适当休息，看书写字要注意光线适宜、姿势正确。在情绪上要注意避免忧烦气恼，心情要开朗、乐观愉快。长期在强光、逆光、暗室或颜色繁杂环境下工作者，要有意识地增加一些室外运动，包括观望远处的山景湖色，做眼周部按摩等。

至此，武当流通门穴谱的第二层功夫即告完成，然后修炼第三层功夫。

七、虚劲法精解(七步练法)

虚劲为武当流通门穴谱第七步练法。

此步谓之"虚劲"的功夫,说起来有些"神化"之境,但并非无此之存在,只不过此法非"武学奇才"者不能修成！万事总讲究一个"缘"字,作为传统之文化,若稍不信笃则弃之,百年之后恐愧对历代宗师之心血结晶。遂此,先作言明而后按师传之秘法整理,留作有"缘"者识之。

虽然在人们心目中总是疑问"现代人的功夫总没有古人们那么厉害,是否是一种虚托或是人们习惯的托古心理呢"？其实是时代造就英雄,什么时代出现什么样的人物,也就是万事万物的存在必须适应当时社会的需要。

前六步所讲之法,为手法点穴,谓之力点也。即以突发之外力打击正在行进的血头,使气血瘀滞于被点打之处,此种点穴法明显而较易掌握。可是,进入七、八两步之法就深而玄,谓之为隔空点穴,而指不着体,遥距以指劲透出逼入人体穴道,使之血气逆经而行,全身麻木,休克等。这种神乎其技,没有深厚的内功,又怎能有此般功夫的妄想呢?

(一)丹田混元功

丹田,历来养生家和武功家们都很重视,他们把练功的希望寄托在这里,认为这是人体炼丹的好地方。他们认为丹田不是一个点,也不是一个穴位,而是一个区域,是一片田。种麦子的地叫麦田,生长水稻的地方叫稻田。而在人体炼丹的地方就叫丹田。丹田是元阳之本，真气生发之处，人体生命动力之源泉；能促进脏腑经络气血的新陈代谢，使之流转循环自动不息，生活因此得以保持，生命亦赖以相继。所以，称它是“性命之祖”“十二经之根”“五脏六腑之本”，为人体中一个极其重要的部位。因为丹田是“呼吸之门”，又是任、督、冲三脉所起之处，全身气血汇集之所，又称之谓“气海”。

对于丹田的作用，古代医学家曾精辟地指出：“阴阳阖辟存乎此，呼吸出入系乎此，无火而能令百体皆温，无水而能令五脏皆润。此中一绕不绝，则生气一绕未亡”。丹田是滋养全身的重要部位，武功家认为：“练成丹田混元气，打遍天下无人敌”。由此可见，丹田部位对练功家来说是极其重要的。一旦内功练好之后，内气可收可发，收时内气凝于腹脐之间，发则气随意转，力从气注，五脏六腑，四肢百骸，内气均无所不至。

1.功法图解

(1)预备式

双盘而坐，头身自然端正，松肩含胸，腹部宜松，垂帘合口，头顶百会穴与裆下会阴穴成一垂直线，鼻尖、肚脐和丹田应在这条线上，两掌于丹田前结太极诀(左掌心托住右掌背，两虎口撑圆，拇指尖相接。)，舌舐上腭，鼻呼鼻吸，做到自然放松，松而不软，紧而不僵。(图7–1)

图 7–1

(2)合抱太极式

❶ 两臂屈肘竖掌于胸前，略宽于两耳垂，肘尖下垂，两掌心相对，掌尖高与下颌平，与胸相距约30厘米，十指似曲非屈，似夹非夹，劳宫穴相对成抱球状。（图7–2）

图 7–2

图 7–3

❷ 两掌缓缓向两侧拉开，两掌略宽于肩（两拇指对肩髃穴）（图7–3），然后，两掌向胸前合拢。再拉开，再合拢。如此一开一合，两掌好似抱着一个注了氢的气球，松之怕飞脱，过紧又怕挤破，合则缓缓按扁气球，开则仿佛似气球的膨胀弹性力把两掌撑开；如此两掌开合练习，要求两掌的开合动作越慢越好，用心去体感它。开时吸气，合时呼气，鼻呼鼻吸，呼吸一定要做到深、匀、细、长。两掌在开合时继续体会两掌间这个气团的感觉，当练功者达到一定功夫时就有气感，并感到两掌用很大力量也拉不开（或合不拢）时，这说明你所做姿势正确，气感的位置也最好。

(3)混元归一式

当“合抱太极”式习练五分钟左右，两掌间气感很明显时，开始做外气内收的“归一功”。

❶ 两掌在胸前抱住（气团）不动，意想这个气团分成两个小气团，分别从两掌内劳宫穴进入，并沿两臂上行到胸部（膻中穴）合二（小气团）

为一，成大气团再沿胸腔（中脉）下落到下丹田。（图7–4）

在吸气时引导，每吸一次气引导一遍，连续引导三遍，呼气时任其自然，用意不用力。

❷ 三次引导完后，两掌再自然下落到丹田处，内外劳宫穴相对叠（左掌心抱贴住右掌背）抱于下丹田处（右掌心贴住丹田），意注下丹田。（图7–5）

图 7–4　　图 7–5

用逆腹式呼吸法意守下丹田，即：意想下丹田好似一个气球，吸气时缓缓地缩小，呼气时缓缓地膨胀大，并按顺时针方向旋转。意守下丹田三十分钟为宜。

(4)炁归丹田式

❶ 用顺腹式呼吸意守下丹田三十分钟后，两掌向前缓缓伸托，直至高与肩平，掌心向上，掌尖向前，舌抵上腭。（图7–6）

❷ 意想两掌心各托一个又热又重的气团，意念一分钟后（即有气感），两掌缓缓向左右两侧分开，成一字平肩势。（图7–7）

❸ 两掌缓缓向头顶上方合拢，左掌心贴住右掌背，掌心向

图 7–6

图 7-7　　图 7-8

下，两臂略呈环状。（图7-8）

❹ 同时以鼻吸气，意想天地之气、日月星辰随两掌贯入“百会穴”，两掌经任脉前缓缓下按；同时，鼻继续吸气收小腹，意想日月星辰等气流随双掌进入下丹田。（图7-9、图7-10）

图 7-9　　图 7-10

两掌按至下丹田处后，再翻掌缓缓向两侧平举（同时以鼻呼气），当两臂成侧平举（一字平肩）后正好呼完气。然后又再举臂、按掌、吸气、贯气至下丹田。如此连续动作三次（即做三次呼吸）

❺ 贯气三次，吸气后，两掌相叠放在丹田处（左掌心贴住右掌背，右掌心贴住丹田）（图7-11）

图 7-11

此时，闭住气（不呼也不吸），两掌呈顺时针方向轻松揉按丹田三圈，再逆时针方向揉三圈，揉完后，两掌不动，再以鼻将气徐徐呼出。

(5)闭息收功式

❶ 臀胯膝缓缓放松，上身缓缓向前俯，两掌抱住丹田，直至头额点地。（图 7-12）

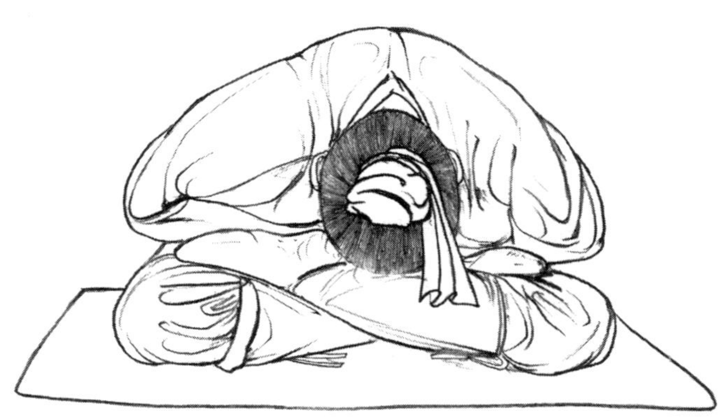

图 7-12

❷ 前俯身之势，鼻徐徐吸气进入小腹；同时，收腹提肛使丹田元气上升，从而形成外气向内下压，而丹田元气由于收腹提肛形成上挤之势，造成腹腔两胁得气徐徐膨胀而起，气吸满后略停三秒，再徐徐起身，鼻徐徐呼气；同时，小腹放松，元气下沉丹田，使小腹自然鼓起。

以上动作连续做七遍。收腹俯身与鼻呼吸要配合一致。

2.功效说明

此功练习约十五天后，下丹田柔中存刚的气团即可形成（形成后即感小腹充实，甚至变大，并有热、胀、凉等因人不同的感觉，有些人开始腹中肠鸣、放屁、打嗝等；这些都是正常效应，都是体内开始聚气成团的现象）；一般人练此功后都有食欲增强，饮食有味，睡眠酣畅，精神特好。有病之人练功后将会疼痛减轻，消失或是“气冲病灶”（即有些人练功几天后，会出现这里痛那里痛的现象，这是体内正气与邪气争斗的现象）只要坚持一段时间就会消失，病也随之根除，永不再患。有了“气团”就奠定了内功入门的基础，为以后的健身治病、保护身体提供了物质条件。

比如说：可以调动“气团”去疏通经络，调和气血，达到强身健体，打通大小周天之目的。此外，再遇到外来的打击有必要做正当防卫时，可调动气团于某部作保护层，能马上产生一种超常的防卫功能，还能防震抗击、抗打、抗压、避刃等；起到一定的自卫作用。不过这个“气团”虽是一种物质，一种能量流，但它应是受大脑意念所支配调度的。初练内功者，大脑意念与“气团”的联系还不是很灵敏的。所以，要加强大脑统帅功能的锻炼，不断地加深意念与气团之间的联系就会越来越密切，开始是气随意行，逐步发展到意到气到，进一步就“意气相随”，甚至达到“意气同步”的境界。

3.练功要求

(1)顺其自然，循序渐进，功到自然成

在练功过程中，气功的功能产生是随练功的深入自然地产生的。不是凭主观愿望所能追求得出的，因此，练功不能急于求成，不能心急，必须顺其自然，循序渐进才能有成就。例如我们练静功时有气不是每个人都能看得见，有人一看就有，可是有的人练好长的时间也看不到，但是，随着练功加深，慢慢就会看见了。再拿气感来讲，有人几天就有气感，可有的人数十天也感觉不到，甚至有的人已具备了很强的外气能力，别人都会受到他的外气，就是本人感觉不明显，这与个体差异有关。搞针灸的可能会发现，有极个别的人痛觉不明显，扎针不得气，甚至打了一掌也不知痛，这就是人体的敏感度和耐受能力不一样。

在具体锻炼的方法上也要顺其自然，放松、入静、调息、行气、意守、导引以及练功姿势等都不要勉强，要自然舒适，不要追求气的效应、感觉，更不要追求周天运行。当气机发动时，也要顺其自然，不宜强求。应该采取“勿忘”“无助”的态度，意气相随地练下去则会有更好的效果。练功到一定阶段时，很多人会感到有一股热气流感循督脉上升，沿任脉下降，随着丹田气的聚集，水到渠成，任督二脉自然就通了，气沿任督二脉运行，这就是所谓的周天。

2.意念为主，动作为辅

《道言浅近》中曰：“丹家云：一念从规中（丹田）起，即真神，即真念也。真念之来，常清不迷，杂念之来，神即外驰，真念者，性也。”可见意念（正念），杂念（妄念）之别。真念是清醒的不对外界作出任何反映的平静的心理状态；杂念则是纷乱的思想活动，是无效的脑力劳动；专念则是受意志控制的有目的的思维活动，可以调节体内外环境的平衡，前者是顺其自然，充分发挥自动调节机制，取得内外环境的和谐统一，这是取消有意注意的无为法；后者是充分发挥理性注意的作用，通过自觉合理的控制，调整体内外环境的平衡，这是受意志控制的有为法。

意念活动，是丹田锻炼的最有效方法，通过意念调节呼吸，气贯丹田，使丹田浑元真气鼓荡，日积月累，聚而成丹，达到水至渠成，循环任督二脉，通达四肢百骸。又由于丹田部位是性命之祖，真气之源，经脉之根，所以，用意识对丹田部位进行强化刺激，加强丹田之气，对培养元气，增进内功，对今后的外练功和技击能起着良好的作用。

所以，以意念为主体，辅以动作增强意念的强烈感，是丹田混元功的主导支柱。

4.注意事项

❶ 此功动作是连贯一体的，不可分开练习。练法可分站势或坐势两种，练功时间应由短到长，周身八触现象（酸、麻、胀、热、凉、重、抖、痒）均为正常效应，时间久了自会消失，等到打通周天后，即可改“守丹田”的顺腹式呼吸法为“自然呼吸”，不论男女老少，体质强弱均可练习此功。

❷ 练功时间为早晨3～5点或晚上22～24点。有时也可不固定，只要有空时间，每天坚持两次即可，但每天练功时间固定后会起到磁场作用，对功效有

帮助。

❸ 过饥过饱均不可练功，除了久忍的大便需要解除外，一般练功前后的三十分钟内不可解大小便，以防修炼之元气随之泄漏。

❹ 选择松柏树多，空气清鲜，环境幽静的地方练功。

❺ 在练功百日之内，严禁漏泄元精（房事），已婚者或身体瘦弱者，可内服“内壮元阳丹（酒）”，以帮助丹田内功早日炼成。

❻ 内壮元阳方药：鹿茸片、人参、黄芪、熟地、当归、枣皮、枸杞各50克，菟丝子、桑寄生、川续断、牛膝、巴戟天、五加皮、宣木瓜、女贞子各30克，杜仲、黄柏（盐炒）、车前仁、云茯苓、骨碎补各25克，韭籽、锁阳、小茴香、赤芍药、白菊花、正天麻、麦冬、鳖甲各20克，桃仁、川芎、藏红花、乳香（去油）、没药（去油）各10克，麻雀肉5只，海马一对，冰糖1.5千克。白酒10千克，浸泡密封30天。每日临睡前服50毫升，可以起到补肾壮阳、畅通气血、轻身柔体，大补元气、生津醒神之功效。未婚或身体强壮，阳盛者禁服此方。

此功每日早晨练习一次，三个月后，丹田元气基本炼成，此时，便可进入“玄阴指”的修炼。

（二）玄阴指功

内劲运炼法：自然盘坐，双目垂帘，心中排除一切杂念，然后入静，心思淡然，舌舐上腭，提肛，双手向前平伸，掌心向下，中指、无名指、小指内屈，食指向前伸直，拇指内扣。（图7–13）

姿势摆好后，配合鼻均匀深长地吸气，用意将气送入丹田，在吸气时，应缓慢地收腹、提肛，两手随吸气时向里收进（屈肘臂），动作应轻缓，在收手回来时，应用意念气自两手食、中二指指端进入手，顺着两手直接进入丹田。在呼气时应缓慢地将气呼出，意想气自丹田经两手食中指向外发出，同时，两手随呼气时向前推出，动作应轻缓些，次数不限，感觉疲乏为止。

呼吸要求由缓慢细柔逐渐达到深长，气随意行，久练以后，自觉得每次向里向外收推时，食指有气感，好像微风吹一样，此时，已说明有内气外发的根基了，即可配合“击棉功”地行修炼。

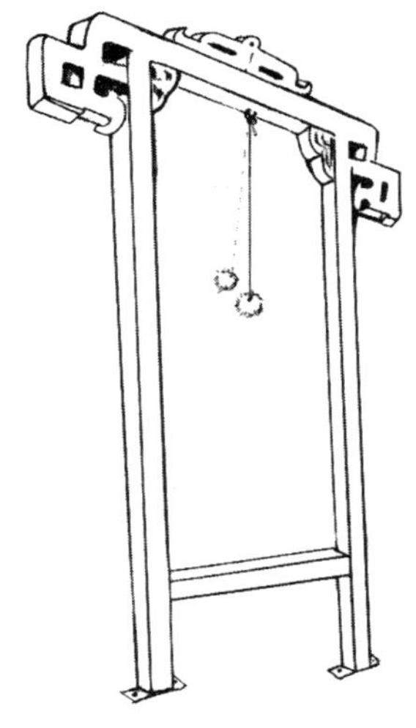

图 7-13

（三）击棉功

用棉花制成一个乒乓球大小的圆棉球，悬挂于室外木架上（须无风处）或一室内宽敞之地。自然盘坐，距离棉球约33厘米，按“玄阴指”运气方法运气，然后以一指凭空向棉球指击，在指击时，意想气自丹田经指端发出，直接击棉球，收手时，意想气从指端经手回归丹田，棉球也随吸回的气回来；指击时呼气，收手时吸气，每次修炼不限次数，至力乏为止（图7-14）。

图 7-14

按此法习之，初时凭空指击棉球，棉球是不晃动的，日久功深，棉球自会随指凭空指击而动。此时就延长距离，直至能与棉球相距3米远时，能随意指动棉球而动时，表明阴劲功告成，即可进入第八步功夫的“透劲”修炼了。

八、透劲法精解(八步练法)

在第七步的虚劲功成,于此之透劲已俱事半功倍。所谓透劲者,即劲能透物之谓也。

武技之中,运劲发力都得着物方可及,能达到运劲凭穴击穴,已经成为非常困难的事了;此步功夫却要令其劲凭空发出穿坚透甲直入敌经脉,真是难上加难之事!在不明武学真秘者听到此等说法,自然认为此说荒诞不经,纯为武侠小说之杜撰。话说回来,中国武林中的难解玄奥相当之多,我们既然热爱这门文化,就得虔心去研修一番,不要任意否定其真伪,甚或自己炼不出功效者,即否定此法不真等等意识。万事万物都得靠亲身去实践,只要功夫深,铁杵磨成针,务实地去苦练三五载后,自必见之分晓。

正身端坐,收视返听,垂帘闭目,意守丹田,双手握空拳放于腹前;调息片刻,丹田气足,此时全身俱为通畅,气已无须再循经脉路线,而是随意调动,即达到意动气行。

❶ 先用油灯一盏,燃置于桌上,灯之前面,则竖一纸屏为障,障纸初时宜用洋皮纸,取其质韧而薄,劲易透也。人立距桌二尺(约67厘米)处,以指点之,火焰为纸所障,初时劲必不能达,稍久略能如微风透入,使光微摇,之后渐便火焰摇动,再进则一指点间,灯焰闪烁不定,摇摇欲灭,以至于应手而灭为止。(图8-1)

❷ 然后,移远二尺,二丈(约6.7厘米)后更换厚皮纸,如法练习有效,则更换成硬纸,进而至于玻璃、铁板为障,亦能在相距二丈之外,运力指点之,气能透入,使灯熄灭,则功造大成。在更易屏障之际,同时需注意灯焰,务使逐渐放大,油灯之焰至无可再大时,则易以烛。(图8-2)

❸ 烛之后,则易线香。线香之后,则易棒香。(图8-3)

图 8-1

图 8-2

图 8-3

因香之为物，有火无烟，极不容易熄灭。能隔铁板而指向使灭，则功造炉火纯青之境矣。

练成此功，固非一年半载之时日，最少亦需三年五载，而练成之后，其劲能达三十步以外，非但能直接达于敌人表面之皮肉，而使之受伤，即敌人身衣甲铠，其劲亦能透入而使之受伤，平常人练得此等功夫，亦足称雄于武术界。若更益以点穴之法，更有相得益彰之妙，虽敌人顽强众多，我但骈其二指，遥遥作势指点，亦必应手而倒，无可抵御。

此项内层透劲，实为武功中之最高者，而今武林界只有其说，能者已是麟角，因此功非一年半载之时日可成，而今人不但难窥真诀，即获诀者不是懒于修炼，就是不信其真，信者只求低俗之皮毛快捷，更甚者，“才”“缘”之所限，是故多为武林之悲哀也！

九、操练法精解(九步练法)

操练法为武当流通门穴谱的第九步练法。

试点,就是与陪练伙伴互相试验点打手法,以求达到点穴手法的熟练,形成随势而发的条件反射技能。为防止误伤起见,点打时只轻轻会意而已,不能真实大力点打,只是求取准确与手法诀微。此法虽被列为点穴术第九步,其实此于第一步掌握时便可进行练习,切勿拘泥。

开始练习时,陪练者赤膊上身,详细准确地于要穴位置用颜色画一圆点,以便练习者于手法练习能出手便中。

(一)出手法要

1.手型

(1)凤眼捶

五指握拳,独将食指中节突出,拇指紧扣食指,此手型叫作“凤眼捶”,是最灵便的点穴拳形。(图9–1)

图 9–1

(2)鸡心捶

五指握拳扣紧,独将中指节突出,此手型叫做“鸡心捶”,是最坚固有力的点穴拳

形。（图9-2）

鸡心捶又名“穿透捶”，穿透性能最强，杀伤力最高，实用效果最好，是点穴术惯用的重武器。

良好此拳，即使打不中穴位，也能穿肌透骨，轻则致敌剧疼，重则致伤，令敌惊惧而不敢轻易触碰。

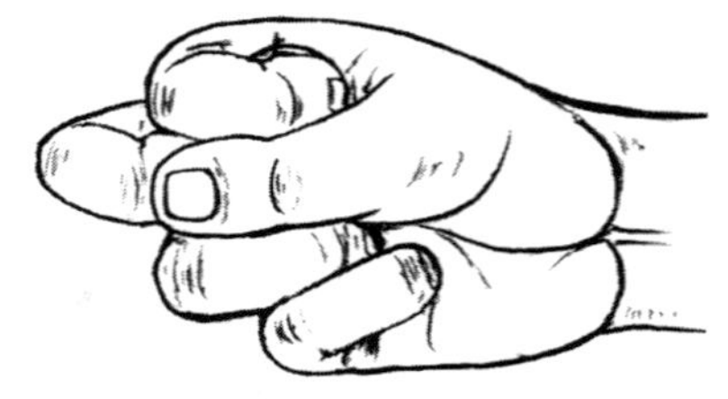

图 9-2

(3)标指

四指并紧伸直，拇指屈，掌心含空，成俯掌。此手型以穿戳劲为主。（图9-3）

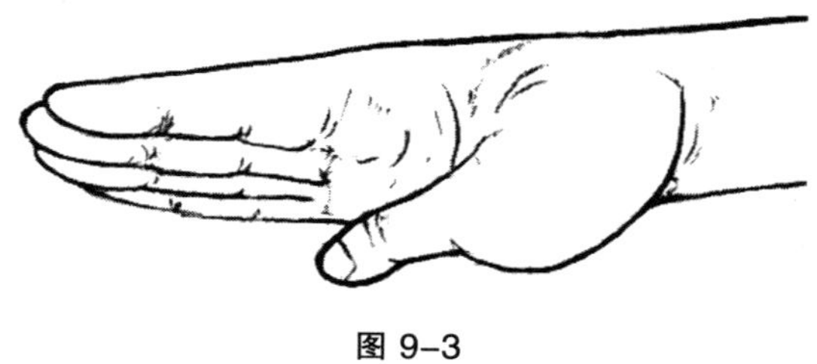

图 9-3

(4)金针指

食指伸直，其余四指屈扣。此手型为点按发力的点穴手法。（图9-4）

(5)剑指

食中二指伸直并紧，其余三指扣紧，使用指尖之力点击穴道。（图9-5）

(6)锁子手

拇、食、中三指略屈，指尖相对，使虎口撑圆，无名指小指屈于掌面。此手型

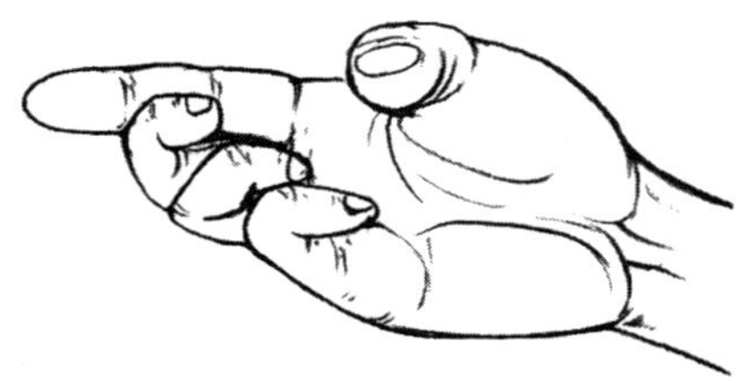

图 9-4

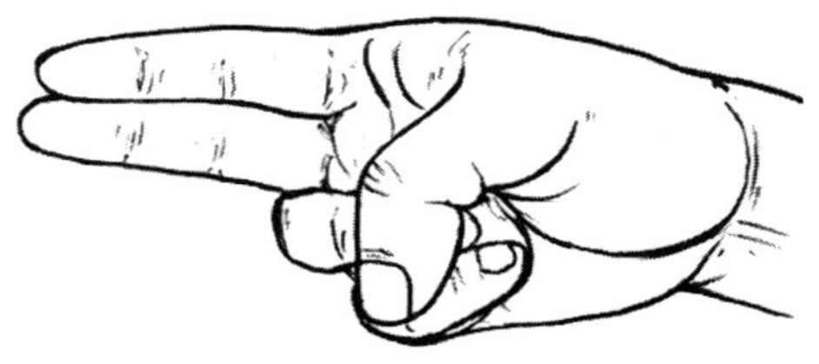

图 9-5

用于拿穴、按穴，是一种相当厉害的攻击手段。（图9–6）

图 9–6

2.出手方法

武当流通门穴谱秘传之出手的方式主要分为三种类型：

(1)正面穴道出手总要

其手法主要针对人体任脉一线，胸心腹部位。

正面的出手乃是先防守而乘势出手点击的法则，防法分为防左手和防右手。

例如：

❶ 敌出左手向我面部或抓、或打时；在其手刚至我体前，我即用右手按住其腕臂上侧，随之左手前滑按于我之右手前位，向下用力，空出右手的同时，我右手前伸点击敌前胸上任何一个穴位。（图9–7 ~ 图9–9）

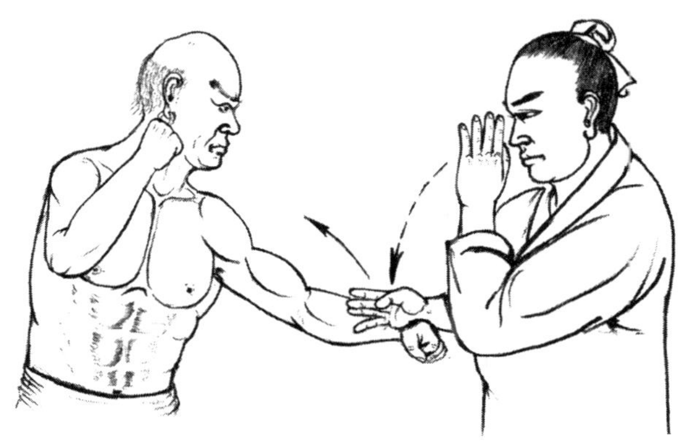
图 9–7

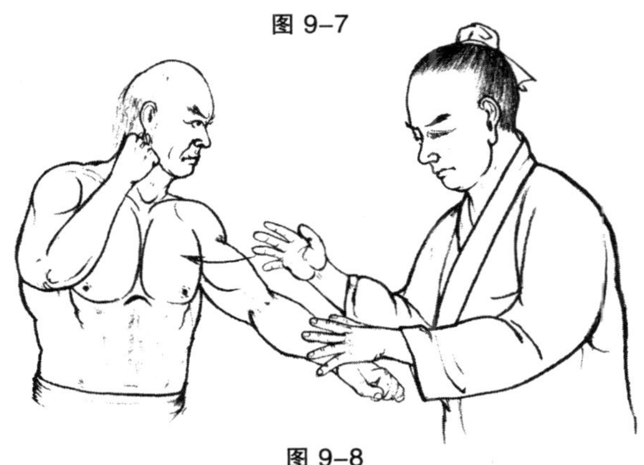
图 9–8

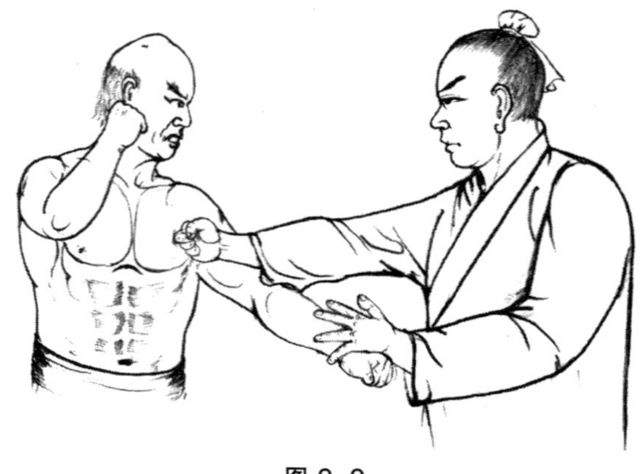

图 9–9

我的两手是连续性的，速度相当的快，没有僵硬之力，右手在没有接近敌穴位时不能握拳，一触敌体则突然成拳抖力，以中指关节凸为力点；用指击时仍然如此，在指尖按准穴位时才抖震发劲。

❷ 假如敌出右手来攻，我仍以上述手法对付之。（图9–10 ~ 图9–12）

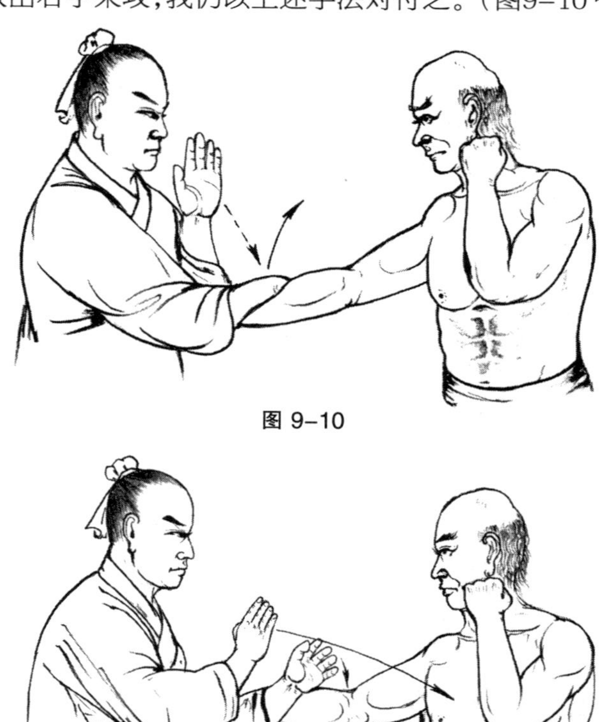

图 9–10

图 9–11

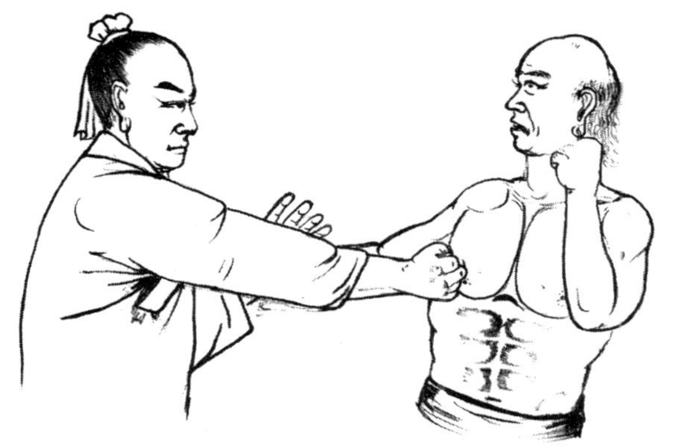

图 9-12

(2)侧面穴道出手总要

其手法主要针对人体左右胁肋部位。

侧面的出手仍是防守而乘隙击之,防法分防左手和防右手。

例如:

❶ 敌出左手向我击来,我速右偏身,左掌托其左肘部并向其右推;同时,右手前伸,用触体发力法击敌左胁肋部任何一个要穴。(图9-13、图9-14)

❷ 如果敌出右手攻击我时,我仍出左手向其左推托其右肘,使其空露出胁肋部,右手乘隙点击其右胁肋部要穴。(图9-15、图9-16)

(3)背后穴道出手总要

其手法主要针对人体后背部及督脉一线。

图 9-13

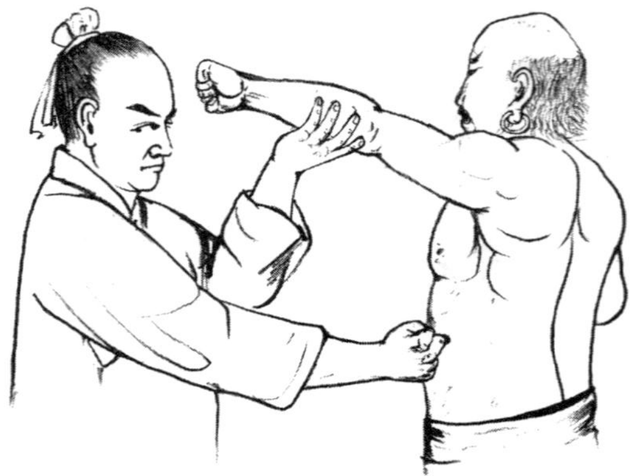

图 9–14

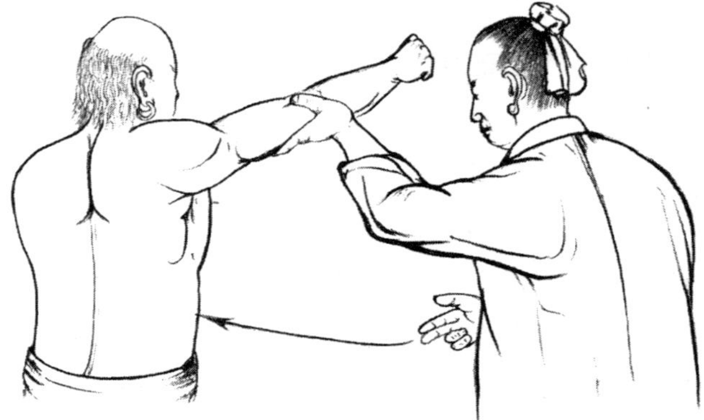

图 9–15

图 9–16

在点击敌背部穴道时，比起点击前、侧两方穴位较难一些，武林中，点打人体后背穴道多用于暗算法，这多不为正道人士所学；在对敌时，如配合步法的走转，也是容易点到敌之背部诸穴的。例如：

❶ 当敌进步用左拳朝我击打而来，我立即右偏身，左脚向右侧进步，上穿左手反划其左上臂外侧。（图9–17）

❷ 紧随上右步成转步，此时敌的背部就正对于我了。（图9–18）

❸ 右手出击点其后背任何一穴，均比较容易了。（图9–19）

如其出右手我则反之，和右手防、左手点，效果是一样的，只是平时要多练

图 9–17

图 9–18

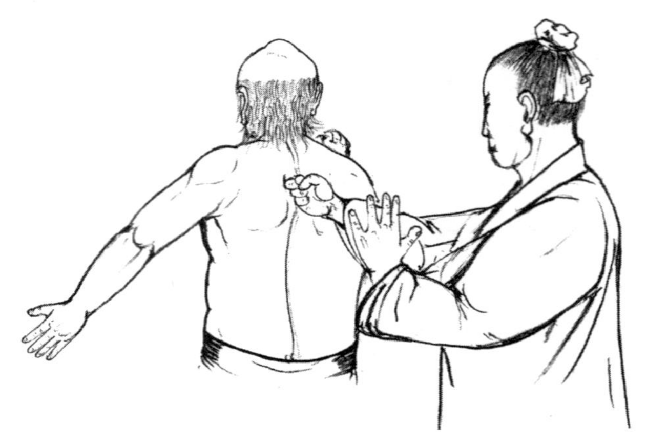

图 9–19

习穿九宫、走八卦的步法训练，才能于临阵时应付自如。

以上三种出手法应反复操习，待至随心所欲时，要在看敌势以为转机，不可拘泥一法，应灵活变化身法、步法，伸屈便利，每于临敌，自可随手取之皆可制敌也。

至此，已将师传武当流通门穴谱的三层功夫九步练法讲解完毕，切望后学莫要轻视，应以自卫秘珍，怀宝勤修，必有所获。

（二）十二总手

十二总手，是流通门技击手法的总结，练习纯熟后，可变化无端，化生出千招万法。十二总手的具体运用时，有三乘境界的发力不同，即使是同一招式攻击敌人，但在用劲发力的方式上不同，其结果也是完全不一样的。

1.三种发力制穴精要

(1)按穴法

按穴法，为流通门的上乘制穴手段，常用力点在拇指或中指，也是一种暗算手法之一，故称之为“小手”。

遇敌之际，出手轻快，用掌按在敌身体一部，用拇指定在需要攻击的穴位上，突然发力扣按，封闭其穴。（图9–20）

常用穴位以胸前膻中、鸠尾、期门、咽喉、人迎；后背命门、灵台、哑门；头部百会、囟门、耳根、太阳等。

图 9–20

(2)拿穴法

拿穴法，比起按穴要容易一些，攻击效果是立竿见影，制敌而不残敌的一种手段。也称为“抓筋拿脉”。

遇敌之际，多以两手配合攻防，接抓敌手之际，另一手拿扣敌穴位。（图9–21）

常用穴位以四肢、头颈部为主。如：合谷、脉门、曲池、极泉、咽喉、锁骨、肋骨、阴廉、前后阴等。

图 9–21

(3)打穴法

打穴法为流通门穴谱称为下乘功夫，即是出手即见红，举手便伤敌的手段。即使用点、戳、插、撞等明显攻击手段作用于人体要害穴位之上，又称此为“大手”或“明手”。

遇敌之际，多以闪身或防开敌攻击，或直接上前出手攻击敌。拳打、掌插，力量猛烈。（图9–22）

人体要害处处可选，人体七坠十三窟，三十六死穴等。

图 9–22

2.十二手法

十二手法也称十二散手，也就是十二种招术。在运用中的发力，可根据自身的功力以及当时处境的需要，选择按、拿、打各法。

(1)吹灯摘桃

此手为上下齐攻，上攻咽喉下攻裆，踏敌洪门而入，手型可随意变通，或高或低，或左或右。（图9–23）

针对穴位为囟门、印堂、人中、咽喉；曲骨、中极、神阙等穴。

(2)白猿洗脸

此手为一手防一手攻击，为由上向下的踏手，攻击手型可任意变化。（图9–24）

图 9–23

图 9–24

针对穴位为囟门、神庭、双目等穴。

(3)白蛇吐信

此手为连环穿戳的攻击手段，多为直劲，有见缝插针之能。可攻可守。（图

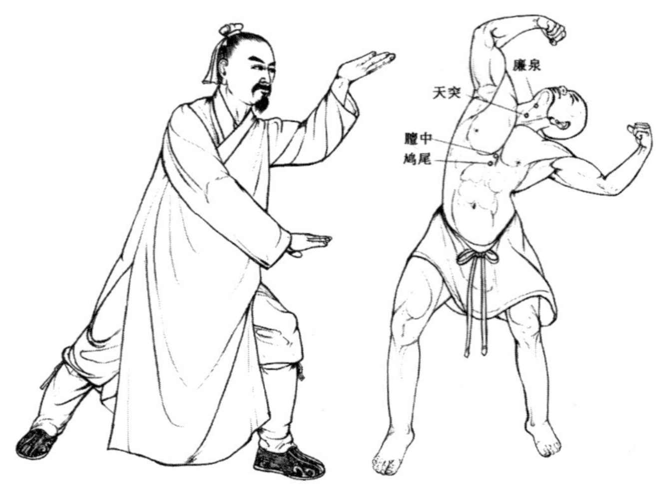

图 9-25

9-25)

针对穴位为廉泉、天突、膻中、鸠尾等穴。

(4)丹凤朝阳

此手为横向性攻击手段之一,多用凤眼捶和鸡心捶,三闪六躲、趁机出拳攻击。(图9-26)

针对穴位为太阳、耳门、听宫、风池、脑后等穴。

图 9-26

(5)叶底藏花

此手为一手作掩护，虚惊敌人之上，而另一手从下攻取，点、拿、按敌胸肋部穴位。（图9-27）

针对穴位为章门、期门、鸠尾等穴。

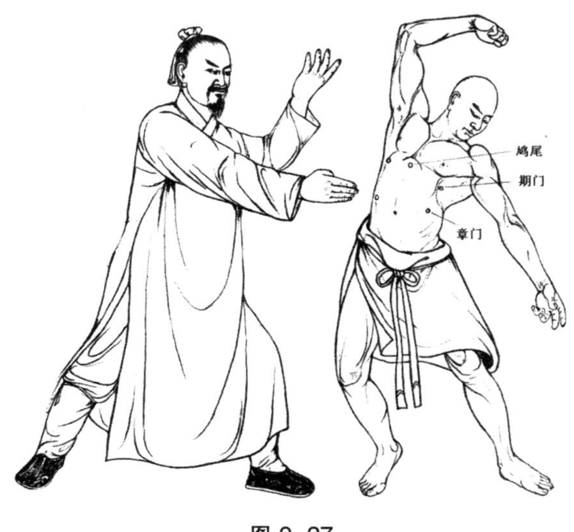

图 9-27

(6)百步穿杨

此手为闪身顺势出手之法，两手有如开弓姿势，多攻取敌人身侧以及后背部穴位。（图9-28）

针对穴位为腹结、京门、志室等穴。

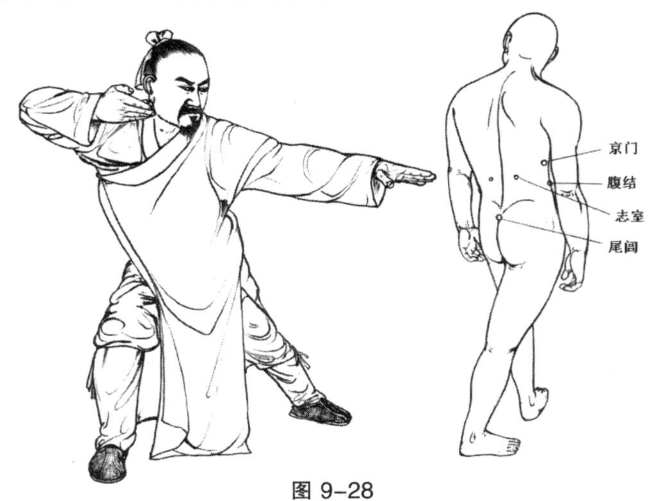

图 9-28

(7)惊涛拍岸

此手为主动进攻之法，直踏敌洪门，上惊下取，拍抓敌裆部之技法。（图9-29）

针对穴位为海底、曲骨、中极等穴。

图 9-29

(8)斗转星移

此手为闪其势懈其力，乘隙而攻取之。多在步法、身法的配合下走转，绕至敌身后，出手攻击。（图9-30）

针对穴位为尾闾、命门、肾俞、灵台、哑门等穴。

图 9-30

(9)梅开五度

此手为虎爪之法，以五指按五个穴位而得名；也有将此作为连环出手五次，多针对胸部进攻的技法。（图9–31）

针对穴位为膺窗、华盖、乳根、膻中、鸠尾等穴。

图 9–31

(10)移身幻影

此手为幻化走转，全凭步法，有如穿花绕树，避敌锋芒，乘隙攻取敌后背穴位。（图9–32）

针对穴位为玉枕、风府、哑门、肺俞、风池等穴。

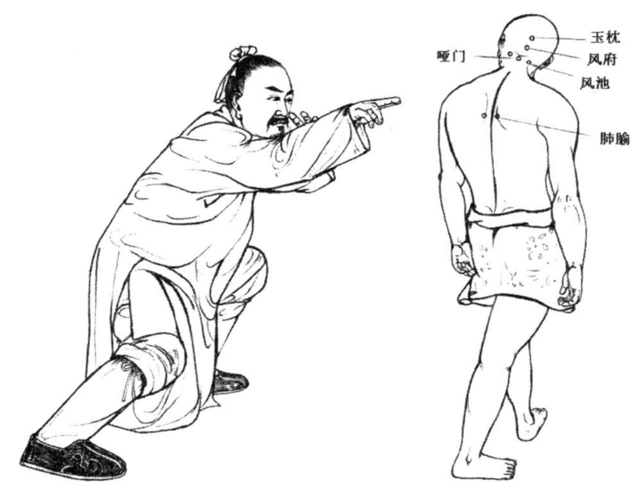

图 9–32

(11)无常叫门

此手为暗手之法，也称之为“二鬼叫门”；以两手拇指为力点，扣按敌胸部穴位。（图9-33）

针对穴位为膻中、鸠尾、乳根等穴。

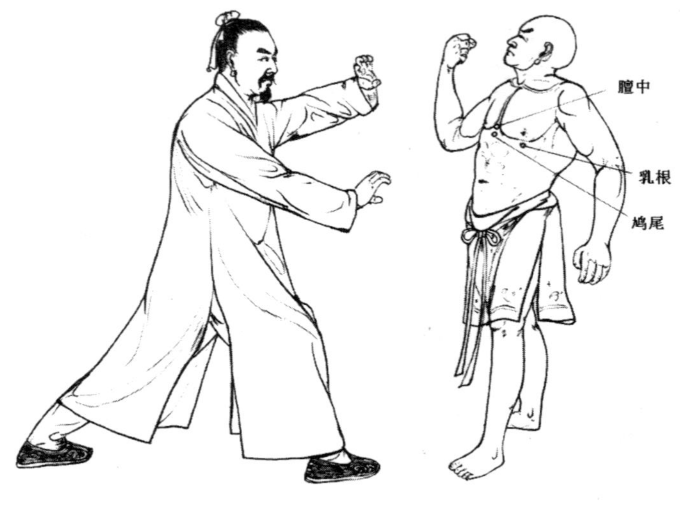

图 9-33

(12)关门送客

此手为“小手”暗算之法，多以送人东西，比如给茶杯、书报之际，下面之手趁机点穴。作为攻击敌人，上手同样可攻击敌颈、面部。（图9-34）

针对穴位为人迎、天鼎、期门、乳根、鸠尾、膻中等穴。

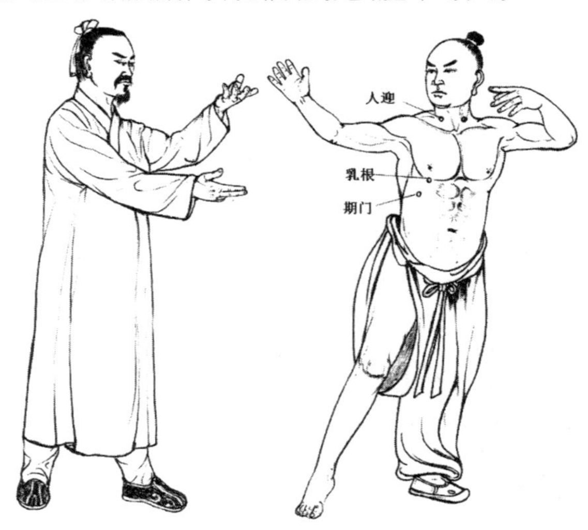

图 9-34

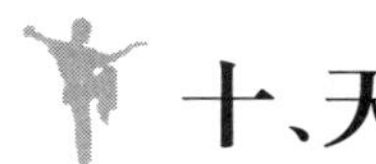

十、天罡打穴手

天罡打穴手，是在十二总手的基础上结合针对天罡三十六穴演化而成。

笔者整理此套打穴技法之初，曾于2001年在《武当》杂志连载，深受读者喜爱，并被人传抄视作秘技。今作为对“穴谱三层九步精解”在技击运用方面的补充和完善，权当学习者有规可循。

1.五雷击顶

【技法】

❶ 敌我对峙。（图10–1）

❷ 敌垫步进身，用右拳击打我面部。我速向后坐步，起左掌外格阻敌右前臂内侧。（图10–2）

图 10–1

图 10–2

❸ 接着，我左掌贴住敌臂向外、向下旋压；同时，右脚进步于敌裆前，右手鸡心捶盖击敌头顶。（图10–3）

图 10–3

❹ 我左手紧随而出，用鸡心捶磕敌头顶百会穴。（图10–4）

【释义】

这一招还可用于主动进攻，这里的举例为先防后攻，实质为防攻兼备的打

图 10–4

法，行话中称此为“同归于尽”的打法。第一手的格抓可做惊敌之势，重要的是后两手的连环捶。

此法不但是点击百会穴的专式，同时也可用于点打印堂、神庭、囟门诸穴。习者在实际应用时，见势灵活自裁可也。

2.乌龙吐箭

【技法】

❶ 敌我对峙。（图10–5）

图 10–5

❷ 我采取主动进攻，右脚垫步进身，左手挽拳顶击敌面部，使其虚惊的情况下，翻出右拳磕击敌面部。（图10-6）

图 10-6

❸ 敌仰身抬左臂架格我右拳。我迅疾进右步，左拳击打敌鼻梁。（图10-7）

❹ 动作不停，我随之弹出右手凤眼捶，击敌额前之神庭穴。（图10-8）

图 10-7

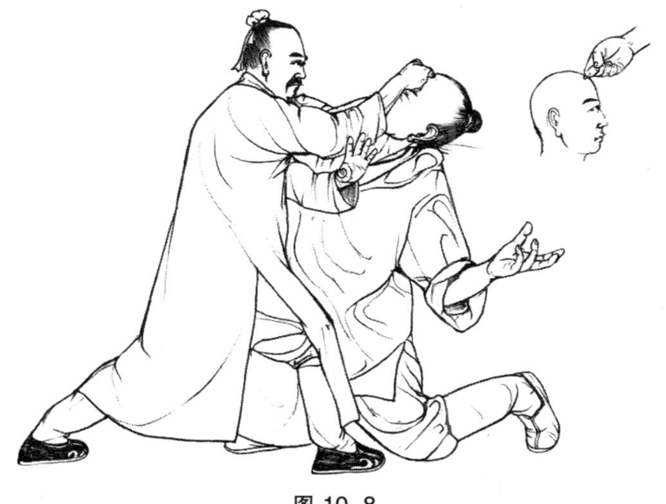

图 10-8

【释义】

此招极具“前手击人后手跟”的特点。左右两手应成为“连珠炮”似的一种条件反射，而且迅速有力，使敌难有招架之余暇，用得精绝之时，可在敌未及后退之时，便将其打得面目全非。

此招不但可点打神庭穴，同时还可点打印堂、人中等面部上的穴位。

3.螳螂捕蝉

【技法】

❶ 敌我对峙。（图10-9）

图 10-9

❷ 敌垫步进身，起右脚踹击我左腿膝部。我速后挪身收左腿避开敌腿的攻击。（图10–10）

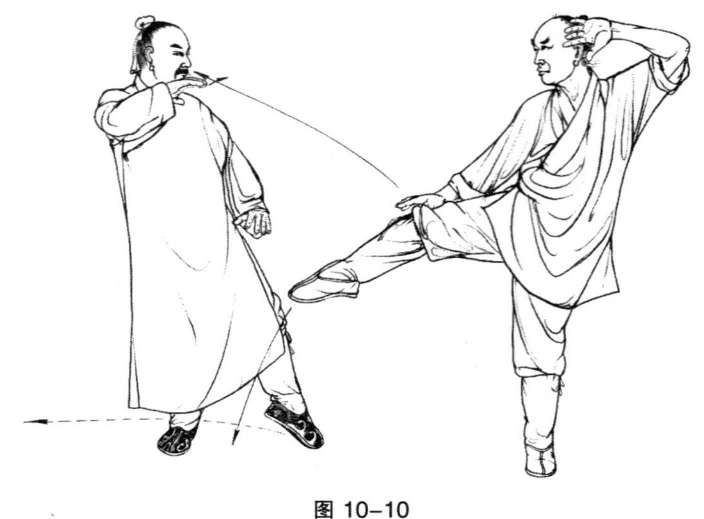

图 10–10

❸ 敌趁势落步，右拳击打我面部。我退左步；同时，上抬右手从外门封阻敌右前臂。（图10–11）

❹ 我右手一贴敌臂即旋指勾压；同时，左脚上步，翻出左掌反拍敌面部，如果敌后退步上抬左臂架格住我左掌。（图10–12）

图 10–11

图 10–12

❺ 我左掌勾腕下压其臂外裹，使之左手封阻其右手的同时；右手凤眼捶旋转点击敌左侧太阳穴。（图10–13）

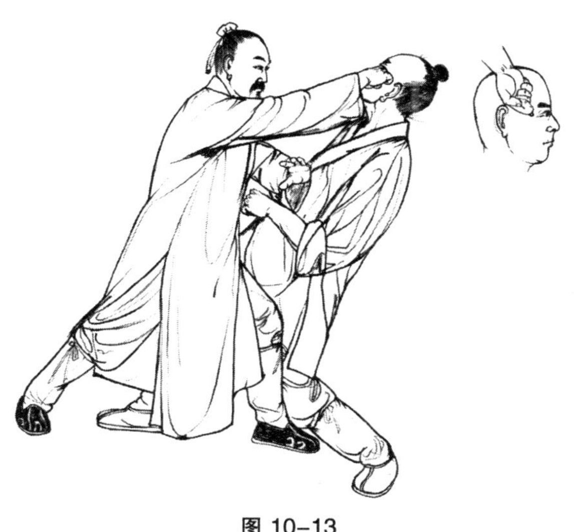

图 10–13

【释义】

这一招乃借用了螳螂“刀斧”的一个连环勾砍之意而成。两手似车轮连环滚进，有手勾手，无手砍脸，连勾带砍。此手分里外勾砍，从中门上外门为里勾砍，走外门为外勾砍。一旦上手贴住敌手，即使敌是神手鬼脚，也难逃我车轮般的勾砍攻击。

习者可在运用中具体领悟透解。手法一变，可点打耳门、人迎诸穴。

4.白虎戏爪

【技法】

❶ 敌我对峙。（图10–14）

图 10–14

❷ 敌垫步进身，用左击打我面部。我撤退左脚一步，上翻左手，挂住敌左腕外侧。（图10–15）

图 10–15

❸ 随左手钩挂外滚压之际，左脚上步进身，右手圈捶击敌左侧耳门。（图10–16）

图 10–16

❹ 动作不停，我右拳打出之际，左捶紧跟而出，用鸡心捶贯击敌右侧耳门穴。（图10–17）

图 10–17

【释义】

整个动作要连贯自然，做右圈捶一定要沉身内扣发劲的配合，发劲时注意拧腰坐胯。两手相互配合，击打要有抽鞭之劲，连续性的左右贯击。

此法也可点击太阳穴、风池穴等，在实际应用中自己灵活掌握即可。

5.白蛇吐信

【技法】

❶ 敌我对峙。（图10–18）

图 10–18

❷ 敌垫步进身用左拳击打我胸心部。我后撤左脚一步；同时，左掌下拍，压住敌左前臂上侧。（图10–19）

图 10–19

❸ 随之，我右拳向前击打敌面部。（图10-20）

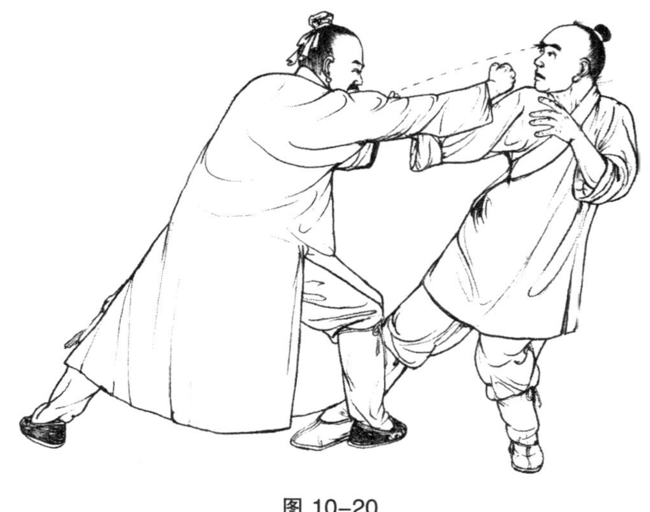

图 10-20

❹ 如敌仰头避让，我左手鸡心捶前击敌额前之印堂穴。（图10-21）

图 10-21

【释义】

此招乃取蛇之吐信之法，为二龙戏珠所演化。两手连击成一自然连贯之势，左右手连环出击，手手不离敌印堂、人中、膻中等部位，虚实相兼，使敌难于防范。

6.仙手摩云

【技法】

❶ 敌我对峙。（图10–22）

图 10–22

❷ 敌前移右步，跨进左脚之际，右拳击打我面部。我后退左脚一步；同时，右手顺时针划圆，格敌右腕外侧。（图10–23）

图 10–23

❸ 随之，上进左步，左手顺时针划压敌右前臂，右掌向前摩划敌面部。（图10–24）

图 10–24

❹ 敌左手格我右掌。我动作仍然不停，右掌右划扣压敌腕，左拳顺摩击敌人中穴。（图10–25）

❺ 动作不停，右手凤眼捶紧跟而出，再度击打在敌人中穴上。（图10–26）

【释义】

人中穴的点打多以此招之摩云手法为主。摩云手是效仿推石磨旋转的手

图 10–25

图 10-26

法，顺时针、逆时针的交替反复，一旦搭上敌手，更使敌陷入一个旋涡而难以自拔。当我功力达到一定水准时，可将敌身像旋陀螺一样直打旋，然后轻轻一点，即可大功告成。

7.绣女纫针

【技法】

❶ 敌我对峙。（图10-27）

图 10-27

❷ 敌右脚前移步，左脚跨步进身，左拳击打我面部。我后撤左脚一步，右掌裹敌左前臂外侧。（图10–28）

图 10–28

❸ 随之，我右脚上步于敌左腿外后侧，左掌挑开敌左拳，右掌标指插敌颈部。（图10–29）

❹ 动作不停，左手剑指紧跟而出，再度插击敌颈部的人迎穴。（图10–30）

图 10–29

图 10-30

【释义】

防守之时要看敌所出哪只手，如敌出右拳我则用左臂格，这样以使敌自己手封手；在旋臂格敌攻击时，必须是格与前戳要连贯，不可有丝毫的停顿动作。而且，左右掌指也是连续出击，直至将敌击倒方可停手。当然，动作必须快速有力。

8.白蛇昂首

【技法】

❶ 敌我对峙。（图10-31）

图 10-31

❷ 敌垫步进身，右拳击打我面部。我速仰身避过。（图10–32）

图 10–32

❸ 在刚避开敌拳之际，我左脚向左摆步，右脚向敌裆进步，右扭身成倒插步之际，右手反撩敌裆。（图10–33）

图 10–33

❹ 不论撩中与否，必须迅速右转身，右手上翻成标指或剑指插击敌之咽喉。（图10–34）

【释义】

此招之法为惊下取上的技法，也是闪避反击之法。敌攻出第一拳必然会有

图 10-34

第二拳跟出，在我避其第一拳的同时，就必须将下盘变动而暗藏杀机，撩掌或反抓彼裆，这种手法按理敌是很难避开的，很可能就是躬身收腹藏裆来缓解我的撩阴手，这时，敌上盘自然空虚，一个蛇摇头的动作，上取敌咽喉穴，可谓轻而易举也。

9.顺藤取瓜

【技法】

❶ 敌我对峙。（图10-35）

图 10-35

❷ 敌垫步进身，用左拳击打我面部。我略后滑步，避敌左拳锋芒之际，上翻左掌旋格，阻截于敌左前臂外侧。（图10–36）

图 10–36

❸ 动作不停，我左掌旋腕扣指抓敌左腕，并向左后下捋带；同时，进右步，右手凤眼捶圈击敌脑后左侧风池穴。（图10–37）

图 10–37

【释义】

此招乃横贯捶的打法，在格敌臂的同时以右掼捶点打。应用本招时，不论捞住敌臂与否，都要快速进步右捶横贯出击。

此法可打脑后的风府、哑门、玉枕、大椎等穴。

10.移身幻影

【技法】

❶ 敌我对峙。（图10-38）

图 10-38

❷ 敌垫步进身，右拳击打我面部。我左脚向左侧方横跨一步，矮身左闪，避开敌右拳。（图10-39）

图 10-39

❸ 在一闪开之际，我迅疾右转身，右脚向前摆步，右臂上挥，有格拦敌右臂之意，趁敌前扑身，我左手凤眼捶横盖，击敌颈后的哑门穴。（图10–40）

图 10–40

【释义】

不管敌用拳或用腿，只要是攻击我中上盘，均可使用此法应付。左闪时，首先要横跨步与矮身同时进行，右手立于前方以防万一而作应变。一闪开迅疾转体反击。

此法可击打脑后以及背部的各个要害穴位。

11.勾漏採手

【技法】

❶ 敌我对峙。（图10–41）

❷ 前移右步，左脚跨进一步，右拳击打我面部。我撤退左脚一步，上身左

图 10–41

闪，上翻右手叼勾住敌右腕外侧。（图10–42）

图 10–42

❸ 动作不停，我左掌猛压敌右臂；同时，上进左脚一步，右手前翻，以凤眼捶点击敌胸部膻中穴。（图10–43）

图 10–43

【释义】

此招打法即螳螂拳中的勾漏採手，击打目标多以前胸部的各处要穴为主。出手的拳势以凤眼捶为主，这种拳型具有相当大的穿透性，是点穴法的重要手型之一。这种拳型不要远距离打，必须是接触敌体时抖出寸劲打。

此招可打华盖、璇玑、鸠尾、胃脘、巨阙等穴。

12.叶底藏花

【技法】

❶ 敌我对峙。(图10-44)

图 10-44

❷ 敌垫步进身,用右拳击打我面部。我右脚略退步,右掌前穿格敌之右腕外侧,将其攻势化解。(图10-45)

图 10-45

❸ 随之，沉身前进左步，左肘前顶，撞向敌右肋部。（图10–46）

图 10–46

❹ 不论撞中与否，我左拳上翻反砸其胸，同时拳面有前顶之势，攻其下颚或咽喉。（图10–47）

图 10–47

❺ 动作不停，右手凤眼捶跟出，击敌胸部的鸠尾穴。（图10–48）

【释义】

此招技法在运用时特别注意，敌在出左拳时不可有右手格划，则应用左手

图 10-48

格划，右肘顶击。这样方不至被敌的后锋手所击。肘顶和翻臂砸拳应快速发出，给敌造成一种手忙脚乱之感，为右手点穴创造战机。这时，便可轻而易举的一个右手凤眼捶解决一切。

13.白猿拆枝

【技法】

❶ 敌我对峙。（图10-49）

图 10-49

❷ 敌垫步进身，用右拳击打我面部。我右脚略后移；同时，右掌向上外划弧格敌右前臂外侧。（图10–50）

图 10–50

❸ 一旦接触敌臂，立即挽臂缠绕将敌臂夹住；同时，右旋体，左臂内旋裹撞敌右臂外侧，使其扭臂成反关节。（图10–51）

图 10–51

❹ 动作不停，我左臂猛地向下一压，右手凤眼捶击向敌胸前右乳中穴。（图10–52）

图 10–52

❺ 左手凤眼捶紧跟而出，再度击点敌右侧乳中穴。（图10–53）

图 10–53

【释义】

右手上架臂形成一种划弧绕圆的动作，不论敌出拳或腿，都是一种自然的缠抱式；随之是断骨之肘法，后面的连环两式凤眼捶点穴要快速而目标准确。

此法可打前胸的任何一个大穴，在具体应用中应灵活变通。

14.双龙出洞

【技法】

❶ 敌我对峙。（图10–54）

图 10–54

❷ 敌垫步进身，用右拳击打我面部。我略后移右步；同时，左掌上翻外划，格住敌右前臂内侧。（图10–55）

图 10–55

❸ 此时，如敌进左步挥出左拳横贯击我右侧头部时，我右掌彶自然地一个上挑动作格住其左拳；同时，退左脚一步，左右手变叼手将敌臂抖震下压。（图10–56）

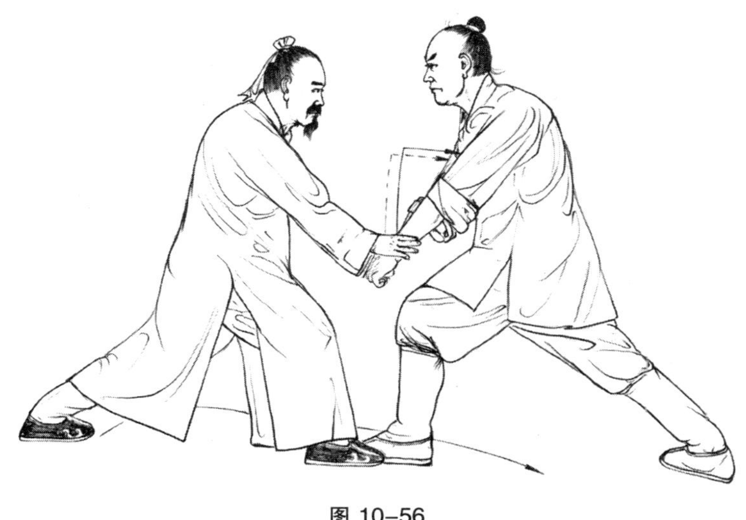

图 10–56

❹ 在震落敌臂的瞬间，我左脚迅疾上进一步，双掌猛地上提手虚晃其面，下落凤眼捶磕击敌胸前左右膺窗穴。（图10–57）

图 10–57

【释义】

此招主要在于凤眼捶下磕一击。有时并不固定在招式上，要见机而作，两手腕部要灵活，抖捶时须用寸劲，弹抖而有力，动作幅度不宜过大，连续用触体发力之秘法。

15.喜鹊蹬枝

【技法】

❶ 敌我对峙。（图10–58）

图 10–58

❷ 我滑步进身，左掌前穿戳向敌双目。（图10–59）

图 10–59

❸ 敌收左步仰身避开我的左掌。我迅疾用左脚踩敌左膝关节外侧。（图10–60）

图 10–60

❹ 动作不停，我落步沉身，右手紧跟而出，鸡心捶点击敌胃脘部的巨阙穴。（图10–61）

图 10–61

【释义】

前滑步时要轻快而迅猛，前戳掌气势如虹，尽量将敌的注意力全部集中于防范上盘而来，将下盘留下空档。这样才能为后面的踩脚创造战机，下踩敌膝时敌必前躬身护痛，此时我的右手鸡心捶刚好派上用场。

此招可打胸腹部多处穴位，一切尽在运用者的操作。

16.肘底看捶

【技法】

❶ 敌我对峙。（图10–62）

图 10–62

❷ 敌垫步进身，用左拳击打我面部。我收左脚成丁步的同时，右掌上拍拦格于敌左前臂外侧。（图10–63）

图 10–63

❸ 右掌一沾敌臂部，左掌随之上挑拦于敌左臂，将其左臂推阻向其右侧。（图10–64）

图 10–64

❹ 动作不停，我右手剑指紧跟而出，插击敌腹部的肚脐神阙穴。（图10–65）

图 10–65

【释义】

此招为太极拳之肘底捶所演化，分为左势和右势。此处介绍的是右势，在右手拍左手化时，应是一种自然的连环动作，敌很易被一时的错觉所蒙。这时，我右手剑指就有攻击的机会了。

此招可点击腹肋部所有要害穴位，具体操作全在运用者的一念之间了。

17.滚手洪捶

【技法】

❶ 敌我对峙。（图10–66）

图 10–66

❷ 敌右脚前移步，左脚跨步进身，用左拳击打我面部。我左脚向后撤一步；同时，提右手，内裹臂格敌左前臂外侧。（图10–67）

图 10–67

❸ 右臂内滚劲之际，左手助力替出右手；同时，左脚上进一步，右手鸡心捶下击敌小腹部气海穴。（图10-68）

图 10-68

【释义】

此招为滚手技法，就是用格架的手臂顺着敌手臂滚压而进击的方法。分为左右滚手，视敌出手的情况而定，力量均以旋滚之力为主。

此招可打腹肋多个穴位。

18.雁翅翻云

【技法】

❶ 敌我对峙。（图10-69）

图 10-69

❷ 敌垫步进身，右拳击打我面部。我略向下沉身，上翻右手抓住敌右腕外侧，左掌上托其肘关节。（图10–70）

图 10–70

❸ 随之，右脚进步，左手从敌右臂内侧上穿，变拳击敌下巴。（图10–71）

图 10–71

❹ 假如敌仰面用左掌阻截住我左拳。我左脚上步于敌臂后，左臂反压，右掌砍击敌左肋部。（图10–72）

图 10-72

图 10-73

❺ 动作不停，左手鸡心捶下插，击敌小腹元宫穴。（图10-73）

【释义】

此招术为摔打兼施之法，重点在最后一手的点穴上。

介绍本式时用了三次假设，乃要求习者因势而用，变化灵活。

19.金鸡独立

【技法】

❶ 敌我对峙。（图10-74）

图 10-74

❷ 我前滑步，左探捶击敌面门。敌抡右臂向外格我攻击臂，并外翻下压我右臂，左圈捶袭击我右侧耳门。（图10–75）

图 10–75

❸ 我迅速右拳上挑，从里向外格挡敌左臂内侧；同时，提起右膝撞击敌前胸。（图10–76）

❹ 动作不停，我右脚向前落步，上体前压，右拳以拳轮为力点，顺势前砸敌面部。（图10–77）

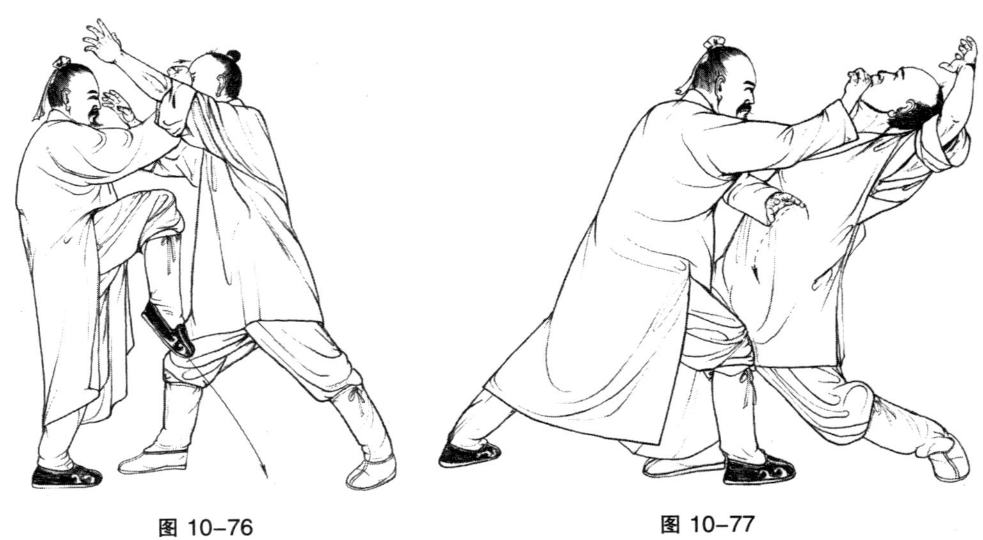

图 10–76　　图 10–77

❺ 在敌受创尚未倒地时，我顺势下蹲成半蹲式，左手鸡心捶下击敌小腹部之中极穴。（图10–78）

图 10–78

【释义】

此招为出势受阻时反败为胜之法，也可用于主动攻击。动作要灵活紧凑，快速有力，打击目标要准，肘膝相应，拳脚相合，惊上取下。

此法可点击小腹部多处要穴。

20.毒蛇入洞

【技法】

❶ 敌我对峙。（图10–79）

❷ 我前移左步的同时，猛提右膝撞向敌胸，右拳击敌面部。（图10–80）

图 10–79

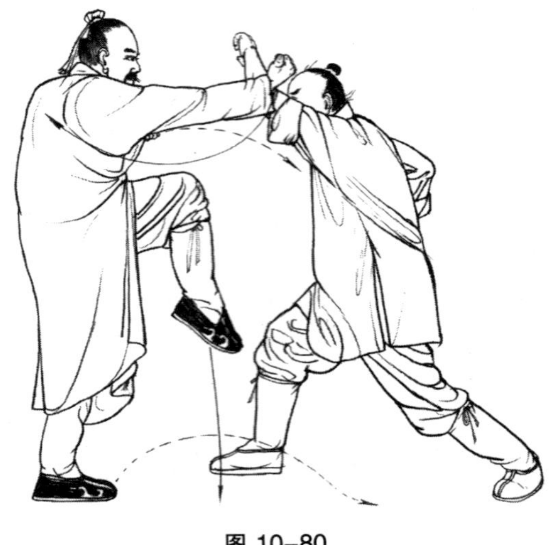

图 10–80

❸ 敌后移步挪身，抬左臂架格我右拳，避开膝击。我右脚落地，左脚进步成钩镰脚；同时，右臂后展，左拳前顶敌咽喉。（图10–81）

图 10–81

❹ 动作不停，左脚掌落地，两膝屈蹲成右跪步；同时，右手鸡心捶击敌裆部曲骨穴。（图10–82）

【释义】

此招为惊上取下之法，其目的在于击打曲骨穴。首先以摘颏捶取敌上盘，尽量使其下盘空虚。然后趁机击打其曲骨穴。一般情况下，敌能防住摘颏捶，而

图 10-82

顶颌捶是很难防住的，除非敌不防守而一味的退避。这时我可乘势猛追狠打，只要迫使敌无法退避而出手招架，我便可上击咽喉下取曲骨穴了。

21.翻车连捶

【技法】

❶ 敌我对峙。（图10-83）

图 10-83

❷ 敌垫步进身，用右拳击打我面部。我后撤左脚一步，上翻左掌自上向下压敌右前臂，右拳前顶敌面部。（图10-84）

图 10-84

❸ 随之，我右拳下压，按住敌右臂，进左步出左拳击敌面部。（图10-85）

❹ 如果敌上翻左掌抵住我左拳的进攻。我左拳下压，推敌胸部，右拳击打敌咽喉部。（图10-86）

图 10-85　　图 10-86

❺ 在敌后仰身避躲之际，我左手凤眼捶击敌右肋部期门穴。（图10-87）

【释义】

此招之打法为连环翻捶之技，动作连贯快速，不给敌以喘息的机会，两手

图 10-87

相互替换用拳轮击打；同时，步法要与出拳跟上，力点爆发，当敌顾上之打击而空出胸腹有失防守之际，我点穴手法即派上了用场。同时，此招可打多处胸腹要穴。

22.勾搂下採手

【技法】

❶ 敌我对峙。（图10-88）

图 10-88

❷ 敌垫步进身，用左拳击打我面部。我略吞身，起右掌向上格敌左前臂外侧。（图10–89）

图 10–89

❸ 随即上翻左掌，从右向左格划敌左臂并叼扣住；同时，左脚前进一步于敌右脚外侧，右脚跟进一步，右手凤眼捶击敌左肋部章门穴。（图10–90）

图 10–90

【释义】

此招点穴之法取的是勾搂採手法，习者可以从该式中领悟到更多的技法，可点打期门、腹结、京门诸穴。

点穴手法中都讲究以手封手，即敌出左手，我必须格敌臂外侧朝右推，以其左手封阻右手的出击。

23.叶底偷桃

【技法】

❶ 敌我对峙。（图10–91）

图 10–91

❷ 我前滑步用左手锁口捶攻击其颌部。敌后撤步用右手向外拍格我左腕内侧化开我的攻击。（图10–92）

图 10–92

❸ 我则继续前滑步，左手一转，绕过敌右臂向下击敌右胁肋部。如果敌右手臂下划，将我左拳格于外门。（图10–93）

图 10–93

❹ 我迅速冲出右拳击其面部。（图10–94）

图 10–94

❺ 当敌抬左臂架格我右拳时，我左脚前移步，右膝跪步下沉身，左手鸡心捶击敌左侧腹结穴。（图10–95）

图 10-95

【释义】

此招乃见缝插针的打法，避实就虚击其不备。前面的三拳要快速而迅猛，尽量给敌一个手忙脚乱之势，而疏忽中下盘的防守，此时我的沉身下穿捶即可成功。

24.云遮雾罩

【技法】

❶ 敌我对峙。（图10-96）

图 10-96

❷ 我左脚前移步之际，右脚跨步踏入敌洪门，穿出右掌击敌面部。（图10–97）

图 10–97

❸ 敌见势后滑步，抬左臂将我右掌架住。我迅速蹬出左脚，踢击敌面部，逼其仰身避躲。（图10–98）

图 10–98

❹ 动作不停，我左脚向前踏落，右膝略沉跪，压低身形。随之右手凤眼捶穿出，击敌腹部左侧商曲穴。（图10–99）

图 10–99

【释义】

这一招是借前上步之势，继而发出穿心腿，此时一旦发出，敌必然受击仰跌。这样，给后面的点穴手法创造了条件。在具体应用时，第一手돷戳目，不论敌是退避或招架，紧随的穿心腿都要正常的发出，只要敌仰身便可击中其穴。

25.镜花水月

【技法】

❶ 敌我对峙。（图10–100）

图 10–100

❷ 敌垫步进身，右正蹬腿踢击我面部。我迅疾左脚后垫步，右脚向右侧方摆跨一步，右偏身避开敌腿。（图10–101）

图 10–101

❸ 假如敌右腿落空，紧随落步起左鞭腿再度向我腰腹踢击。我速右偏身的同时，左脚向右前盖步。（图10–102）

图 10–102

❹ 动作不停，敌连续攻出两腿落空，不及换势，我回身，左脚侧踹攻击敌胸。（图10–103）

图 10–103

❺ 随之落步，右手凤眼捶弧形击出，击打敌左侧京门穴。（图10–104）

图 10–104

【释义】

这一招点穴技法，同时运用了两种移身之法；后收身继而右闪，这种方法在对敌时，多会转到敌身后，为败步起腿创造条件，可达到一锤定音的效果。在一般情况下，敌连发两拳不中的话，在心理上会慌，同时在动作上的力度和速度也会缓慢下来，我腿击多半会打敌翻跌，乘势进身点击要穴，举手可得。

26.盘龙昂头

【技法】

❶ 敌我对峙。（图10–105）

图 10–105

❷ 敌右脚前移步，左转身回旋腿，用左脚踹击我左腿膝部。我右膝迅即屈膝跪地，小腿和脚内侧贴地成伏腿步；同时右手后摆，左手以前臂外侧为阻击点向外格挂敌左小腿。（图10–106）

图 10–106

❸ 动作不停，我迅疾前俯身，右肘横击敌右腿膝后弯。（图10–107）

图 10–107㊀

❹ 在敌失去重心平衡尚未倒地之际，右手剑指上穿击敌裆下海底穴。（图10–108）

图 10–108

【释义】

沉身跪右膝用左前臂格敌腿要及时，尽量用缓冲力化去敌腿的猛劲，格阻与横击肘应成连贯之势，横肘时力点达肘尖前臂外侧。此击一旦奏效，敌即失去再战能力。此时，敌裆敞开着，为我点击其海底穴留下可乘之机，一击毙敌。

27.顺水推舟

【技法】

❶ 敌我对峙。（图10–109）

图 10–109

❷ 敌前移右步，左踹腿攻击我面部。我沉身，右膝内扭下蹲身避开敌腿的攻击。（图10–110）

图 10–110

❸ 动作不停，我借沉身之势，起右腿踢敌臀部尾闾穴。（图10–111）

图 10–111

❹ 我右脚迅速向前落步，上身前探，右手鸡心捶击敌臀部尾闾穴。（图10–112）

图 10–112

【释义】

此招为先避躲而后反击之法。点打敌身后之穴，只有在闪避中让敌背对我才有可乘之机。此法必须在敌采取进攻之中的“旧力略过，新力未生”之际，突然发难，连续两击敌尾闾穴，招式灵活而力劲脆快。

此法可击打背部多个要穴，全在临阵中适时而用。

28.一石三鸟

【技法】

❶ 敌我对峙。（图10–113）

图 10–113

❷ 敌垫步进身，右拳击打我面部。我左脚收步，右脚迅疾向右侧方横跨一步，右闪身避开敌右拳的击打。（图10–114）

图 10–114

❸ 敌右拳落空，紧随出左摆拳击打我面部。我左脚速向右侧盖步，上体左扭成有插步，左掌向左反划格敌左臂。（图10–115）

图 10–115

❹ 当敌背部对我之际，迅速下沉身右转体，右手鸡心捶下落继向上横贯，击打敌腰部命门穴。（图10–116）

图 10–116

【释义】

我移身闪避应尽量引敌背侧露出，我才有机会完成击打敌命门穴的招术。击打命门之法有偏左偏右，可一击而伤三穴——即命门、肾俞、志室，也称此招为“一计害三贤”。

此招还可用左腿回旋踹击的打法，应视临敌时的具体情况而定。

29.掣电追风

【技法】

❶ 敌我对峙。（图10-117）

图 10-117

❷ 我右脚前移步，左脚跨进一步，左穿掌击敌面部。假如敌后撤右步，抬左臂架住我右掌的攻击。（图10-118）

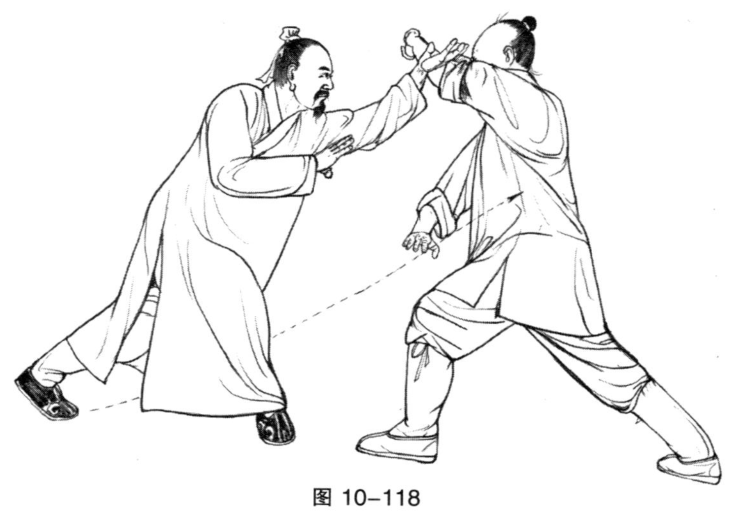

图 10-118

❸ 我迅速左腿踹击敌左腹角及左肋。（图10–119）

图 10–119

❹ 在敌受创尚未倒地之际，我落步沉身，右膝略跪；同时，右手凤眼捶击敌腰部肾俞穴。（图10–120）

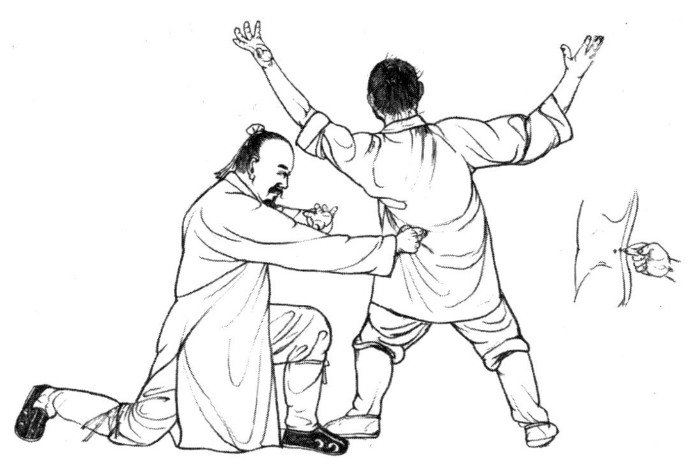

图 10–120

【释义】

此招为连续性的追打之法，一上一下夹中攻，使敌应接无暇，在慌乱被打得筋断骨折，腰伤穴闭。

30.幻影蹑踪

【技法】

❶ 敌我对峙。（图10－121）

图 10–121

❷ 敌左垫步进身，右侧踹腿攻击我面部。我沉身之际，左脚向左外侧横跨一步，矮身左闪，避开敌右腿的攻击。（图10－122）

图 10–122

❸ 动作不停，在敌发腿未及收落之际，我右掌反拍其右大腿外侧，使其向我身右后侧落步的瞬间，右脚向前跨步，右转身，左手凤眼捶（或鸡心捶）向前盖击打敌腰部志室穴。（图10–123）

图 10–123

【释义】

此招取闪身避敌之法，使其前仆而显露其背，我顺势点击之；不论敌用拳或腿，只要是攻击我中上盘时，均可使用此法应付。左闪时，首先要摆跨步与矮身同时进行，右手立于前方以防万一而应变；左掼捶盖劈动作迅速，力点爆发而准确，往往都是一捶三穴伤的结果，具体应用时当见机而行。

31.封拦云摩

【技法】

❶ 敌我对峙。（图10–124）

图 10–124

❷ 敌前移右步，左脚跨步进身，左拳击打我面部。我后滑步避开其锋芒，并以右掌顺势推拍敌左前臂外侧。（图10–125）

图 10–125

❸ 随之，我前穿左臂，抖劲弹划敌左上臂外侧，使敌上身右旋。（图10–126）

图 10–126

❹ 动作不停，我右脚上步；同时，右手鸡心捶圈点敌后背灵台穴。（图10–127）

图 10–127

【释义】

此招技法采用的是封闭阻截法。连续两次推格敌左臂，以使敌背部露空，我的圈点捶才好派上用场。在防化敌的攻势时，动作迅速而有力，必要时可将其臂腕抓住或配合脚踩击其下盘。

32.脱影幻化

【技法】

❶ 敌我对峙。（图10–128）

图 10–128

❷ 敌右脚前移步，左踹腿攻击我面部。我迅速下沉身，右脚向右侧方摆跨一步，右偏身避开敌左踹腿。（图10–129）

图 10–129

❸ 我在右闪避的瞬间，敌背对我，迅疾右脚向敌臀部后侧上步，向前拥身移右步的同时，左手凤眼捶击敌背左侧厥阴俞穴。（图10–130）

图 10–130

【释义】

点打敌背部穴位，必须利用闪身移步的幻化脱影之术，使自己转于敌背或让敌背对我，这样才能择穴点打。

此招之法为右闪。即敌用左拳或左腿进攻时，均可采用此法。如用右拳右腿时，则应用左闪法；闪身要恰达到好处，闪避之间藏有反击的动作。反击动作必须抢在敌的攻击动作未及变化之前。击打目标准，力用爆发脆劲，左拳击出后可续补右拳，形成连环出击之法。

33.龙门鼓浪

【技法】

❶ 敌我对峙。（图10–131）

图 10–131

❷ 敌垫步进身，起右脚正踢我面部。我左脚迅疾左侧摆跨一步，上体左偏移位避开敌右腿的攻击。（图10–132）

图 10–132

❸ 随之，我在闪避的瞬间，于敌尚未收腿之际，左手撑地，左卧身，伸右腿回旋扫击敌左膝弯委中部位，使其突受重击而失衡前仆。（图10–133）

图 10–133

❹ 动作不停，我右脚落步起身，左手凤眼捶击敌背部肺俞穴。（图10–134）

【释义】

图 10–134

在对付敌的正弹踢时，若只顾后退，那是十分危险的。因为敌在起脚时是从我腹、胸直上面部的；退，不能达到点打敌肺俞穴之目的，还有被敌重创的可能。所以，只有运用侧闪避之法，再行卧地腿，这里的用腿是回旋环扫摆击法。

如果自己的腿功劲力较差，可以用侧蹬脚攻击敌小腿，力到之处，很可能将对方腿骨扭折，复而上点其穴。

34.旋转辘轳

【技法】

❶ 敌我对峙。（图10–135）

图 10–135

❷ 敌右脚前移步，右脚跨步进身，出左拳击打我面部。我速右摆步，上扬左手向左划格敌左前臂外侧，将其攻击手推开。（图10–136）

图 10–136

❸ 动作不停，我前移左步，右手前移上穿抬架敌左臂，左掌穿插敌左腋部，使敌右转偏身避让。（图10–137）

图 10–137

❹ 随之，我右脚前跨步，右手凤眼捶击敌腰下气海俞穴。（图10–138）

图 10–138

【释义】

格敌攻击臂时要尽量将其推转身，使其斜背对着我，我才能有机会点敌的气海俞穴。如果敌用右拳攻击，我动作则反之，运用中应灵活自如，见机而行。

点击部位也可灵活取用，腰臀部诸穴皆可用此招击之。

35.蛰龙升天

【技法】

❶ 敌我对峙。（图10–139）

图 10–139

❷ 敌垫步进身，右鞭腿踢击我左侧腰肋。我后收左步，屈膝全蹲，右膝跪地；同时，左拳屈肘下落格挡敌小腿，右拳砸击敌右膝盖。（图10–140）

图 10–140

❸ 当敌攻击腿受阻而迅速落地，又起左腿横踢我头部。我再次俯身前仆避之。（图10–141）

图 10–141

❹ 在刚避过敌左腿的瞬间，左脚前移屈蹲，右膝跪地；同时，右手凤眼捶横击敌左臀侧环跳穴。（图10–142）

图 10–142

【释义】

此招应尽量做到身体与手脚配合协调，避闪位置要恰到好处，击打部位准确。

一般情况下，点打环跳穴比较容易，但临阵时不一定拘泥于此招介绍的方法。

36.翻江倒海

【技法】

❶ 敌我对峙。（图10–143）

图 10–143

❷ 敌垫步进身，用右侧踹腿攻击我面部。我右脚迅速后移步，两腿屈膝下蹲使上体降低，避开敌腿击。（图10–144）

图 10–144

❸ 在一避过敌腿之际，我左右脚快速前移，双手捞住其支撑腿的前胫部位，左肩前靠抵住其支撑大腿内侧。（图10–145）

图 10–145

❹ 手拉肩抵，将敌摔仆。待其身体仆地之际，我迅速左脚跨过其腰，臀部坐于敌腰背之上，左手扳住其脚踝，脱掉敌脚上之鞋，右手凤眼捶（或鸡心捶）点击其脚心之涌泉穴。（图10–146）

图 10–146

【释义】

运用此招时，下潜身防腿要快速，一旦潜身，便上步抱抓、前推、抓穴要准确有力，动作连贯自然，起腿跨坐要快速，扳拧旋扭要突然，脆发而短促，整式动作要猛狠快速，技法连贯，一气呵成。

下篇

武功伤科要术

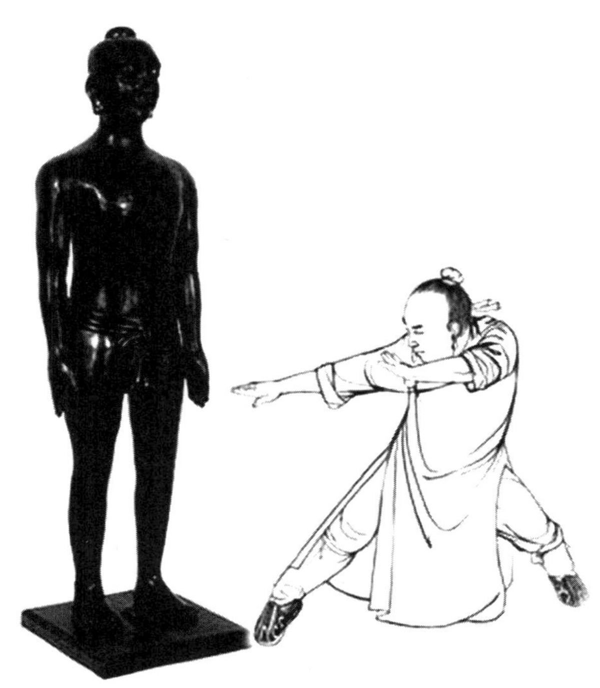

凡是习武练功之人，都难免有受伤的可能；伤之轻者，在皮肉，充其量皮破血流，稍加医治即可无事；伤重者，可由肌肉腠理以至五脏六腑及骨骼，或被点伤穴道，封住血头，造成对身体的严重伤害；致伤、致残或殒命亦未可知。

学武之人，虽不是医生，不能穷经皓首精研医典，但学武之人稍通医理，特别对伤科的研究，无论对自己受伤或他人受伤，皆可及时救治。虽不及神医妙手之灵验，也可在危急之时暂保性命。

历代的武术大师多以技击糊口四方，不免有较技争斗受伤之事，练习和授徒中也难免发生伤损；所以，会武功必通医道。

从古至今，一个武林高手或门派传承人，都是精通伤科医术的。俗话说的“未学打，先学药”就是其中的道理。没有说从未受过伤而功夫达上乘者，可以说天下没有，绝对的没有。所以，练习武术要做好练功和实战中受伤的准备，但要争取避免到最低限度；同时还要懂得人体生理状况和掌握运动力学知识，掌握伤科技术，熟悉方药的应用和各种手法，通过实践经验，准确得出药效后，对症下药，不然害人害己，罪过无穷。一般最好是熟知医学脉理、药理，了解中医治疗各种疾病的法则。因为人体是阴阳组合而成，阴阳失调，气血失和，百病乃生。伤损也能损害阴阳平衡而诱发多种疾病。所以，治疗伤科也得熟知内外各科的病理用药。

用药之道，不外汤、丸、散、丹、膏、酒等剂。而此之微可以有补骨之碎，合皮肉之绽，血喷似箭能止之效能。一俯一仰之间，可以愈闪挫之气，皆以令人惊异。但是，也应看到，一药治一病，多药才能成方，一种方药不能治之以百病。又鉴于历代的武人都以师徒口授为主，著于文字者罕见之，若当今的武术爱好者们去拜师专学，也少有伤科师之独授，并且所花精力又大，实有不便之处。今为更多的习武者能花时少、见效快，以短期内就能掌握练习武术中出现的损伤救治之术，笔者将师传之《穴谱·下篇·武功伤科要术》整理出来，以备不时之需。

一、治伤须知

武术练习和实战对抗中的损伤，是因外界暴力或刺激突然作用于人体，而使机体组织器官发生解剖或生理上的紊乱，产生局部或全身的应激反应的结果，这种损伤可分为外伤和内伤两种。

（一）外伤

由于肌体软组织撕裂、断裂、拉伤、扭挫伤，或骨折、脱臼等损伤，发生局部组织的肿胀疼痛，肢体变形或功能障碍等。

（1）擦伤：皮肤受到摩擦的浅表层皮破损，伤面常有小出血点及擦痕。

（2）挫伤：指皮内损而无破皮现象，组织的连续性受到损害，在运动中，踢打摔拿和相互撞击等动作均可能发生挫伤。常见的挫伤部位是头、胸、腹及大腿、小腿和睾丸。伤处呈疼痛肿胀和青紫，皮下淤血或皮下组织的局限性积血（血肿），压痛明显，若打击力量过大，力的作用可达深部，发生肌纤维破裂及深部血肿，亦可并发内部脏腑损伤造成内伤或者休克。

（3）扭伤：由于在武术运动中的相搏、相持，扭转等动作使关节的联合部位因关节活动受到过度的外力作用，超过其正常活动范围，造成肌肉、肌腱、韧带等一切软组织、软骨、周围神经等损伤，也称撕裂伤。如膝、踝韧带扭伤，腕关节扭伤，肘关节损伤性骨囊炎，肩肘损伤，膝关节半月板损伤等。此类损伤常伴有微血管破裂出血，局部肿胀，皮下瘀斑，功能丧失等症状，韧带，肌腱以及软骨周围神经断裂者，治疗原则均以手术修复为主。

（4）骨伤：因踢打摔拿等勇猛快速的搏击动作，而使骨骼的完整性受到破坏，造成骨折、骨裂，或使组成关节各骨的关节面失去相互之间的正常位置，造成脱位，如肘关节脱位，腕部舟骨骨折，前臂骨折，小腿胫腓骨骨折或腰椎骨折等。

（二）内伤

内伤，是指积瘀在体腔内不散所引起的一系列疼痛或身体病变，中医称为“内损”。主要由两种原因造成；一是如拳打、脚踢、撞击、挤压等直接暴力作用于躯体，使脏腑气血瘀积。有时体表无损伤，却内腔受损；如跌扑、震荡或经肢体传导外力震动等。二是练功或在搏击中，方法不当，如憋气承受重力或突然憋气努力都会造成胸腔内伤，内伤部位在支气管和肺上部。由于憋气使胸腹压骤然升高，局部气血受阻形成积瘀，若伤及脉络，还可有咯血现象。如果治疗有误，久经不愈，影响今后一生。

内伤的初期不易被自己发现，一些较严重的内伤往往初期不觉疼痛，待日后发作已成疾患，所以，凡新伤期一定要检查治疗。

（三）预防

武术运动中的损伤是完全可以避免和预防的，但必须遵循以下几个条件。

（1）做好练功前准备动作。活动和摩揉身体的关节和有效部位，精神要放松，情绪要安定，练功中要循序渐进，从易到难，由简至繁，根据自己的实际水平和接受能力练功，安排好每天的练功内容和计划，准备动作的越充分，越不易受伤。

（2）练武功不能操之过急，渴望一举成功，在进行基本功练习时，不要采用暴力，以免造成肌肉拉伤，要练踢打，先经过踢打沙袋和排打训练，练摔法需要先练挨摔和各种倒功滚翻跌扑。

（3）注意检查运动场地的安全设施，具备完整的防护用品，增强医务监护，劝阻病后体弱和过度疲劳后参加比赛和大强度训练。

（四）怎样合理的用药

医经云：“已通晓伤科之理，则当明救治之法也”。首先，须明救治之程序，切不可面对伤者昏头昏脑，惊慌失措，或者不明伤情。乱施治疗，此皆非但不能治好伤者，反而更会促使伤者情况的恶化。所以，救治之法则，在《伤科补要》中有云：“夫跌打损伤，坠堕磕碰之症，专从血论，或有淤血停积，或为亡血过多，然后施治，庶有不误……若皮不破而内损者，多有淤血停滞，宜攻利之，或皮开肉绽，亡血过多者，宜补而行之，更察其所伤上下轻重浅深之异，经络气血多少之殊，先逐其瘀而后活血止痛，自无不效”。由此可见，中医伤科治法在遵循气血论治的前提下，历来主张辨证施治，局部与整体统一和外伤与内伤兼顾的原则。

怎样才能做到合理应用伤药，既要经济，又要疗效好，无副作用，这是每一个受伤者的渴求，也是治伤者最关心的问题。

首先，我们必须明白什么叫合理用药。所谓合理用药，即在用药时必须做到药物选择的正确，剂量恰当，给药途径适宜，用药组方合理，其目的是充分发挥药物的作用，减少不必要的用药以及减少药物对人体产生的副作用，从而迅速有效地控制疾病的发展，恢复人体健康。

针对伤势情况，要做到合理用药，还必须做到以下几点：

（1）明确诊断，有的放矢。是内伤还是外伤，是骨折脱臼还是软组织损伤；是伤气症还是气血俱伤症，是上部伤还是下部伤，这些都要明确诊断。例如：胸肋部闪扭岔气，经手法疏导贴以膏药即以口服活血顺气的药便可痊愈，倘若不明，盲目用大量的活血祛瘀、破血破气药，就会对身体有害。

（2）从整体出发，抓住主要矛盾。标本缓急，标本同治，一般来说，急则治其标，缓则治其本。新伤重在治标，陈旧伤重在治本，或标本兼治。新伤与陈伤在用药上是有区别的，不要不加区别地硬套某一固定方药；古人云：“死汤头活太医”。就是要善于灵活用药。以上讲的是大前提，但也要具体问题具体分析，灵活运用，抓重点，并整体。例如：对一骨折又失血过多的伤者，失血多，气血俱损，此时在用药上就要注意，切勿用大量活血祛瘀攻下药。这样，会适得其反；这是因为血虚者气少，医经曰：“运血者，气也”“气为血之帅，血为气之母”。血亡津亏，气随液脱，会导致肝肾不足，骨失濡养，可使骨迟延愈合，甚或不愈合；同时又由“真气不足，邪得乘之”，风寒湿邪浸入人体引起痨疾。因此，对这样的情况，应在补养气血的基础上，加入少许活血理气药，治疗效果较好。歌诀有曰：“已破流血用八珍，未破淤血用承气”，前者指对于流血过多的伤者可用八珍汤气血双补，后者为血瘀气滞用承气汤攻利之。

（3）熟悉药物性能，以便正确地选择药物，确定剂量和给药途径，进行合理的配伍。在此应因人、因时、因地制宜，争取做到少花钱治大病，充分发挥药物的作用，俗话说“小小单方气名医”。

纵观今之习武之人和一些书籍所刊方药，不符实际的猛开名贵药材，味数之多，数量之中，可说是大材小用。只要能治好病的药就是好药，并非虎骨、麝香、三七、血竭才是伤科药物之珍品。

（4）昔日伤科书中常用药引子，所谓引之在方中主要是调理和引经作用，并非非要不可，在使用上有医者个人的用药习惯。黄酒是用糯米酿制成的低浓度酒。酒性热，能祛风寒，畅经络，通气血，引药上行。有不明医理者，动辄就以酒为引，是否要以酒为引呢？

一般来说，损伤之初，局部充血肿胀，此时应禁止以酒为引，因酒能使毛细血管扩张，加重出血及渗出，损伤中后期及痨损陈伤中可加入酒为引，没有黄酒用一般浓度较低的白酒亦可。

二、头面部损伤救治

头为诸阳之会，脑为神明之枢，为人体最重要之部位，所以，头部损伤，淤血多较严重而难治。新伤易治，久积难医；其损伤原因是在实战对抗中头部受到重拳、腿击打面部或下颌，鼻梁、太阳穴、后脑、颈部或躯干受击时有时会出现击昏（休克）现象。

实战对抗中被击打到鼻梁、太阳穴或击昏后摔倒而头部撞击地面时，由于大脑神经细胞和神经纤维受到强烈的外力震荡时而引起的意识和机能暂时性障碍，立即发生意识丧失（昏迷）所引起的脑损伤（脑震荡、脑挫伤）。

脑震荡的典型症状是外伤突然神志昏迷，皮肤苍白，脉搏稍慢、浅表，可能有呕吐。伤员有逆行性健忘症，即忘记与外伤有关的事件。此时要注意观察伤损的表情，对神志不清者，可刺激人中、百会等穴位使其复苏。对呼吸发生障碍的伤患者，可行人工呼吸。对无严重征象，短时间意识恢复的轻伤者，也要尽可能使其仰卧休息，一般应卧床休息至症状（头晕头痛）完全消除。但不宜过早参加对抗训练，否则会留下后遗症（头痛）。

轻型和中型脑震荡，脑组织无明显的病理解剖变化，昏迷时间不超过30分钟，清醒后可有头痛、头昏、耳鸣等自觉症状。昏迷的时间越长，伤情越重。

重型脑震荡时心脏及呼吸活动渐渐衰竭，出现大小便失禁，也可能死亡。急救办法：必须将伤员置于担架上运至医院，伤员取仰卧位，头部两侧用衣物垫起固定，搬运时避免颠覆震动。

另外，面部的眼鼻急性损伤是对抗搏击中常见的创伤之一。致伤原因多因为患部直接遭受外力打击所致；受伤后，如为眼部则眼眶肿胀，眼球充血，疼痛明显，视物昏花。如为鼻部则头昏，伤处淤血青紫，疼痛明显。鼻部受伤后，应检查鼻梁是否歪斜，如有歪斜应到医院做进一步检查。或应立即就近找一块冰或凉水贴敷洗涤受伤部位,并轻轻用在其皮肤上摩擦。不一会,伤者会感到疼痛增加,不必在意,继续上述动作12~15分钟,受伤部位麻木,疼痛消失。这时应马上停止冰敷,并在受伤部位涂抹玉红膏,内服药剂。

需要注意的是:

(1)刚受伤时,及时用冰敷,是很重要的。因为受伤部位的毛细血管在冰敷时,会急剧收缩,从而起到止血的作用,并可防止血肿的扩散。

(2)伤后,千万不要立刻用一些舒筋活血的药水,诸如红花油、舒活酒去揉搓按摩受伤部位。这样做不仅无益,反而会促使受伤部位的毛细血管进一步扩张加重淤血的产生,并促使血肿进一步扩大。

(3)冰敷时间不宜过长,太长对人体组织无益,最好以伤者的感觉为衡量标准。待其一感觉到伤处麻木,疼痛消失时,应随即取下冰块。眼角裂伤,在眼角涂抹一些凡士林油就可避免,不幸创伤时,伤口不大可涂抹玉红膏,若伤口较大时,进行消毒缝合包扎。

(4)鼻出血:在搏击中,一旦鼻被击中流血时,可把手臂伸举起,左侧举右手,右侧举左手,接着用冷水灌洗,湿毛巾贴敷于后颈,或用棉花球沾肾上腺素液塞鼻孔。

(5)耳内血肿:耳朵如受重击时会肿痛流血,如治疗不及时,便会形成血肿,外以八仙逍遥汤熏洗后贴敷混元膏,内服正骨紫金丹。

(6)眼伤:眼伤多以肿痛充血为主,可内点庆大霉素注射液和内服还睛汤。

查明症状之后,即可选用下列方药治疗。

1.脑伤五方

方一:生地15克、桃仁、归尾、地龙、牛膝、赤芍各10克,川芎、僵蚕各8克,红花、白芷、柴胡各6克,全蝎4克、甘草3克。

主治:头部损伤,症见头晕眩、头痛,痛有定位或偏于两侧,或半身不遂,舌质青紫,脉浮涩或弦。

方二:代赭石20克、制半夏、茯神、竹茹各10克,陈皮、朱砂各6克,甘草、羚羊角各3克,柿蒂6个。

服法,先将以上九味药,用水一碗八分,缓火煎存七分,再把朱砂冲入汤药中温服。

主治:跌打头部受伤成脑震荡。症见眩晕、呕吐,高热、抽搐,脉弦数。

方三：川芎、白芷、羌活各6克，代赭石15克，当归、桃仁、丹皮、钩藤、天麻、王不留行各10克，红花5克，朱砂、全蝎各3克。

主治：头部损伤所引起的头晕眩，头痛，耳鸣，舌有瘀点，脉浮涩。

方四：生地、玄参各15克，川芎、白芷、桑叶、菊花、黄芩、归尾、赤芍各10克，红花6克，甘草3克。

主治：头部外伤肿痛，或目红肿或鼻流血。

方五：朱茯神、煅鱼脑石、制首乌、天麻、水牛角粉各30克。

主治：脑震荡后遗症，头眩晕。

2.玉红膏

紫草、全当归各30克，生地60克，象皮、合欢皮、乳香各20克，没药15克，甘草10克。

上药用麻油750毫升煎枯去渣，再加入黄占60克、白占20克、血竭10克，共煎至滴水不化成膏备用。

3.正骨紫金丹

丁香、木香、血竭、儿茶、熟大黄、红花各50克，当归头，莲肉、白茯苓、白芍各100克，丹皮25克，甘草15克。

共为细末，炼蜜为丸，每服9克，童便调下，黄酒亦可。

4.混元膏

羚羊血、没药、白芨、明雄黄各15克，漏芦、红花、麝香、升麻、白蔹各9克，大黄、栀子、甘草各6克。

共研细末，用高醋熬成膏备用。

5.还睛汤

五味子25克，人参100克，细辛25克，茯苓、山药、车前仁、防风、远志、茺蔚子各50克。

上为细末，炼蜜为丸，桐子大，空心茶送下9克。

另《伤科补要》载“还睛汤”由人参、云苓、枸杞、肉苁蓉、天冬、麦冬、生地、熟地组成。河水煎服。二方可互相参考。

6.八仙逍遥汤

防风、荆芥、川芎、甘草各3克，当归（酒洗）、黄柏、苍术、丹皮、川椒各6克，苦参15克。

上药共入布袋内，扎口，水煎滚，熏洗患处。

三、腰伤救治

在武术运动中，腰部是全身活动量最大的部位，无论是拳术、器械，实战对抗中的动作，身法变化和发劲都多主宰于腰，腰起着桥梁和枢纽的作用。其损伤分为腰肌损伤，韧带损伤，筋络损伤和腰椎关节损伤四大类，通常把这些统称为扭腰岔气。无论是何种扭伤，都会使腰部内毛细血管不同程度的损伤，导致局部红肿，有明显的压痛点和肌肉痉挛，导致身体活动受到牵制。

出现上述急性腰扭伤时，通常可采用以下方法治疗。

（一）推拿疗法

机理：推拿主要是通过按、摩、推、拿、揉、点、拨、叩、拍等手法所产生的外力，在患者体表特定的部位或穴位上操作，可起到纠正解剖位置失常的作用，这种功也可转换成能，并渗透到体内，改变其有关的系统内能，以达到治疗目的。

治法：

(1)取患者俯卧位，利用推、揉、摩等手法进行治疗，使肌肉从紧张中解放出来。

(2)若无关节错位者，则可用右手(或左手)，大拇指和食指紧捏患者压痛点(用内力推)，左手(右手)扶患者(患者背向站立)，左肩(或右肩)，使患者做髋关节运动，向前、向右、向后、向左环绕摇腰约20分钟，使患者出微汗即可。

（二）冷热浴敷疗法

机理：腰肌刚扭伤时，局部肌肉内毛细血管破裂，即用冷敷，遇冷刺激肌肉的收缩，使局部扩张破裂的毛细血管发生高度的收缩，加快皮内出血的凝止，从而减轻疼痛，但不能即用热敷。因为遇热会使局部肌肉温度升高，血的粘滞性减小，血液循环加快，致使破裂的毛细血管再扩张加剧，造成大量皮内瘀肿。而恰当的冷热结合的方法则可较快地促使局部的新陈代谢，因而获得更好的疗效。

治法：

（1）扭伤时，即用毛巾浸过冷水后稍拧，敷于患处，约1分钟后重新再敷，哟进行30分钟。

（2）在扭伤的24小时内反复冷敷6～8次。

（3）一天后，改用30～40℃温水敷患处，方法同上，每天两次，每次30分钟，温敷3～4天即可。

（4）把水温调好，一般以皮肤能承受刺激为妥，并能至少坚持5分钟以上；治疗时，伤者两脚与肩同宽，屈膝半蹲，上身前俯，两手扶于两膝上，挺胸塌腰，并尽量使腰部肌肉放松，特别是伤痛点部肌肉用水淋浴。一般治疗一次2～4分钟，每周2～3次。

（三）针刺、药疗相结合法

（1）腰扭伤后，在患者上嘴唇内侧系带上会出现一个小结节；用三棱针将其刺破，出一点血即可。另外可用毫针刺手部后溪穴透合谷穴，针刺后留针20～30分钟，在留针的时间内，需要反复旋转活动腰部3～4次，一般针患侧手部的穴，针刺以不透过对侧合谷穴的皮肤为度。如果两侧腰部均痛，可取双侧手部穴，左痛刺右手，右痛刺左手，一次便可痊愈。

（2）取红花10克，鸡蛋2个，食用油适量，将鸡蛋打在碗内，放入红花搅拌均匀，用油炒熟（不加盐），一次食用，每天一次，一般一次见效，三剂全愈。

（3）乌药、川芎、杜仲、牛膝各12克，香附、青皮、苏木、红花、乳香各10克，当归、鸡血藤、川断、玄胡各15克，三七6克。

水煎服，每日一剂，分早晚两次服，3天即可痊愈。

以上诸法可单独使用，也可联合运用，其疗效都是经过笔者在多年的临床验证，确保疗效后才敢如此说明的。

四、关节损伤救治

（一）腕指关节伤筋

1.腕关节伤筋

腕关节伤筋多由摔跌时手掌着地或用力提拉扭转所致。主要表现局部肿胀疼痛，旋转受限，用力握拳疼痛加剧，若迁延日久，气血凝滞更甚，即成为筋结，自必影响活动功能。

遇此损伤，可行手法治疗和药物固定治疗。

手法治疗：

1.伤者正坐，助手站在患肢外侧，两手环握固定伤肢前臂中下段，术者站在伤者对面，双手握住患腕与助手对抗牵引（力量适中），并将伤手腕上下，左右晃动两下。

2.在牵引的同时，术者一手拇指腹置痛点上，用力由一侧向另一侧拨动3～5次。

3.拨后解除牵引力，术者再用一手拇指腹于痛点处按揉1～2分钟。

如症状轻微，可不需要助手。伤者本人亦可用健康手与患手施解拨、按手法。

如果疑有脱臼、骨折现象的应加以复位包扎固定。

敷药固定治疗，局部敷药，固定，停止伤腕活动，为促使局部愈合，一般可用局部小夹板固定，需时2～3周后才可做腕部支撑旋转活动。慢性患者在训练时必须佩戴保护支持带，以限制腕的过大范围活动，以免加重损伤；训练后作局部按摩有一定好处。

2.指关节伤筋

指关节伤筋在习武中也多见，多因练实战搏击，点插击物所致，以大拇指、食指损伤多见。治疗手法基本同上(但不需要助手,术者一人实行解、拔、按即可)。

值得注意的是,有些伤者在上述复位后,常将受伤之指腕进行内外旋转活动,以为这样能减轻症状,其实,这样往往会使已经复位之筋复又扭转。因此,在伤后一周内禁止剧烈旋转运动,以利伤肢复原,否则,会形成慢性损伤(有慢性手腕关节损伤者,亦可按上法治之)。

处理:局部敷药,固定,停止伤指活动。过急性期后,可用按摩理筋、顺筋等手法治疗,受伤者进行伤后练习时,最好使用保护支持带,限制关节过大范围活动。保护支持带的用法;第一掌指关节扭伤粘膏带位置不应妨碍关节的伸屈活动。

方药:

(1)外敷药膏方:生木瓜、地鳖虫各25克,血竭、生栀子、蒲公英、乳香、没药各120克,芙蓉叶500克。

用法:上药研成细末,用酒调成糊状外敷,按伤大小酌量用药。

(2)伤筋药酒方:三七、红花、血竭、薄荷、细辛、川芎、徐长卿各10克,大黄50克,生地、地鳖虫、白芷、栀子、防己、南星、青木香、续断、樟脑各30克,酒精1000毫升。

将上述药浸入酒精中,密封一个月后备用,使用时用药棉蘸酒擦患处,日三次。

此药酒有良好的活血祛瘀,舒筋通络,消肿止痛的作用,尤其治疗软组织的损伤有良效,一般用药3~5次,即可解除疼痛,肿胀消失。

注:此药酒对皮肤破损者忌用,对任何部位损伤者均可使用,效果特佳。

(二)膝关节损伤

在训练和实战搏击中,膝关节(也称半月板)损伤是可常见的一种创伤。对于如何避免和处理膝关节损伤是每一个治伤者必须知晓的。

膝关节左右两块状如月亮形的软骨,称为“半月板”,位于股、胫骨之间的内髁称之为内侧半月板;外髁的称为外侧半月板。它与许多韧带、肌肉等一起调节和限制膝关节在一定范围内活动,并在活动时起缓冲作用。半月板的弹性很强,是保护膝关节正常活动的重要部分。当全身在活动时,半月板亦随着膝关节活动而活动，尤其初练武术者，膝关节如突然旋转或伸展，越出正常范围时，不仅使半月板周围韧带松弛，而且会使半月板突出以至撕裂；因此，值得特别的小心和注意。

自我处理：

半月板在损伤后，临床上常出现疼痛，肿胀以及交锁等症状，使膝关节功能减退甚至出现严重障碍，一般常用自我复位的手法，患者首先端坐，膝关节屈曲成90度，若为外侧半月板损伤，小腿内收；向外旋，将大拇指稍玉膝外侧突出部位，逐渐使膝关节伸直，可听到伤处轻微“咔嚓”复位声音。内侧半月板可使小腿外展、内旋；同时使膝关节伸直，手法同前。这样处理在临床上的疗效是很显著的。

如果半月板出现嵌顿性损伤，复位方法相似。但必须把推挤半月板按点之手（除向内推挤半月板外）沿膝关节间隙向外顺滑下压。就能使嵌顿之软组织复平。继之用热醋在孙伤处淋浴3～5次，休息10天则可痊愈。

严重者，应配合手法和药物治疗，以免继发损伤性关节炎。

方药：

（1）外用三宝膏：五倍子、生栀子、赤小豆各30克。

用法：将以上三味研末，调鸡蛋清成糊状，外敷患处，并加绷带包扎。

（2）熏洗方：透骨草30克，伸筋草、海桐皮、五加皮、臭蒲根、丹参各20克，艾叶、威灵仙、川椒、红花各10克，荆芥、防风各15克，乳没药各12克。

上药加水1500～2000毫升，煮沸后备用，每剂可连用2～3天。

（三）踝关节扭伤

踝关节扭伤，是武术运动中较常见的损伤，在其他运动项目和日常生活中亦经常发生。一旦不慎扭伤，必将影响练功；同时也给生活上造成诸多不便。因此，踝关节扭伤后，如能及时，正确地进行处理，不但能减轻伤者的痛苦，还能缩短治疗过程，早日痊愈，以减少对运动等方面的影响。

踝关节扭伤大多是由训练，搏斗前没有充分做好准备活动。训练时注意力不集中，没有掌握好动作要领和做腾空、翻转等高难动作时保护不当，均易造成不良动作失误，从而引起踝关节扭伤。此外，也可因场地、器材不良等客观原因造成。

由于内踝三角韧带较为强健，所以损伤多发生于外踝。由踝关节扭伤致局部韧带，软组织撕裂。组织液渗出和毛细血管破裂造成的皮下出血，使局部剧烈疼痛、肿胀，难于站立，并呈现行走功能障碍。重者常合并有第五跖骨基底部撕脱性骨折。

处理方法：

（1）冷敷绑扎：发生扭伤时，应立即用冷水或冰块对伤处进行冷敷，使伤处毛细血管收缩，以制止皮下出血。（注：肿胀较快者，多为小血管破裂，若身边无冰块，还是先用手指压住局部，使不继续肿胀，再做加压包扎，以免延误时间）。然后用绷带或毛巾扎紧损伤部位，以压迫控制肿胀的形成。

（2）抬高肢体：在绑扎伤处的同时，最好让伤者平卧。将上肢抬高放置约30。左右，以利于淋巴液和血液的回流，避免因重力的作用使肿胀增大。

（3）敷药固定：经冷敷绑扎处理后，可用消炎止痛膏或新伤药外敷伤处，以起到消炎、止痛、退肿之作用，然后用绷带进行适当的包扎固定。

（4）热敷按摩：48小时后，可带取热敷和推拿按摩等方法。以舒筋活络和促进局部血液循环，使其尽快恢复正常。

此外，亦可结合用针刺拔罐，中草药熏洗或内服舒筋活血中草药以及理疗等方法。

方药：

（1）消炎止痛膏：生木瓜、生栀子、地鳖虫、乳香各30克，蒲公英60克，生大黄150克。

制法：上药共研成细末，饴糖调拌成厚糊状，将药膏敷患处。

（2）新伤药：黄柏50克，玄胡、血通各20克，白芷、羌活、独活、木香各15克，血竭5克。

制法：研细末，用蜂蜜和开水调敷患处。

（四）脚趾挫伤

在武术实战搏击中，动作都是迅猛有力的，但训练时，大部分习武者都把精力花费在腰功、腿功和臂功等练习上，往往忽视脚趾的练习，这样在对抗中很容易受伤。

脚趾若受伤，轻者一两个月，重者半年有余才能痊愈。因为脚趾是由14块趾骨组成，拇趾有两节趾骨，即基节和末节，其余各趾有三节趾骨，即基节、中节和末节。脚趾是多关节组成的，每天都要活动，故受伤后不容易恢复，给患者带来很大的痛苦。

脚趾受伤的原因：

（1）在实战对抗中踢击敌方的部位方法不当，即用脚背踢敌的髋关节、膝关节、小腿胫骨等坚硬部位，易于受伤。

（2）踢敌方时，脚趾未收紧，无意中受伤。

（3）双方互踢，与敌方的腿脚相撞而受伤。

（4）平时缺乏对脚趾的专门训练，脚趾力量差，易受伤。

治疗方法可参照前述“手指关节损伤”的救治方法。

五、肌肉损伤救治

武术运动中的肌肉损伤多见于大腿肌肉拉伤和臀中肌损伤。

(一)大腿肌肉拉伤

大腿肌肉拉伤,多见于腘绳肌(股二头肌、半腱肌和半膜肌)的拉伤,这是由于练武者作正压腿,正踢腿和劈叉、仆步等动作过多,或准备活动不够,局部负担过重而发生。腘绳肌损伤可以造成肿胀、淤血,肌肉痉挛与粘连,治疗失宜,日久可以引起血肿肌化,甚至造成骨化性肌炎而经久不愈。

1.病因

这种损伤的发生,都是在运动中肌肉已经处于牵张状态再突然剧烈收缩,或过度牵拉,超过了肌纤维的弹性限度,导致肌肉拉伤,轻者部分撕裂,重者完全断裂。

2.症状与诊断

有急性拉伤病史,轻伤者,大腿后侧肿胀,过大面积皮下瘀斑,伤处压痛明显,肌肉痉挛发硬,重伤者,疼痛剧烈,步履困难,伤时可听到断裂声,可摸到膨大的两断端与中间的凹陷,有时疼痛向大腿周围放射,抗阻屈膝试验阳性。

3.治疗法

(1)伤后立即加压包扎冷敷,抬高患肢休息。

(2)中药治疗:外敷消瘀止痛药膏(见踝关节伤),或伤筋药酒(见腕指伤),内服桃红四物汤以及宽筋散,后期用壮筋养血汤。

桃红四物汤:桃仁、红花、当归、川芎、赤芍、生地各15克,水煎服,每天3次。

宽筋散:羌活、防风、续断、赤芍各30克,桂枝、甘草各12克、当归15克。共为末,陈酒调下。

壮筋养血汤：白芍、当归、川芎、川断、红花、生地、牛膝、丹皮、杜仲各15克。河水煎服。

（3）按摩治疗：新伤局部血脉损伤剧烈出血较多，不宜在局部立即进行理筋及舒筋手法，以免加重出血，增加肿胀。新伤后三天仍有淤血、肿胀，可适当选用边挤按边推揉手法，以达到消肿散淤的目的。伤筋而不断裂，但有筋翻筋歪错位者，均必理筋，拨正。强度和时间要渐渐增加，然后指针健骑，股角，殷门等穴。伤筋而断裂者，忌用屈、伸、旋、转等手法，只可进行轻擦轻摩手法。

（4）针灸火罐：新伤时，亦采用针刺疗法，一般都以痛点为穴，在最痛点进针，可收到止痛消肿及舒筋等作用。

（二）臀中肌损伤

臀中肌为臀部中层一条肌肉，起于髌骨翼外面，斜向外下方走形，越过髋关节成一扁平肌束抵止于大粗隆外方。肌束前被阔筋膜张肌覆盖，其后部为臀大肌所遮掩。臀中肌损伤在腰臀部软组织损伤中占重要位置；练习武术时，转身侧屈等都是腰、骨盆、髋关节的联合动作，骤然扭转伸髋，屈髋或内收大腿时就可使臀肌拉伤。臀肌的肌膜、肌纤维转组织充血，水肿炎性渗出等创伤性无菌性炎症变化，可招致急性疼痛，日久失治则出血、水肿，渗出吸收不完全而粘连变性，形成硬结；所以在检查时有疼痛性筋结和条索状硬化现象，由于机化，硬结使弹性减低，伸缩滑动不利，粘连压迫刺激周围神经造成酸困无力慢性痛，不仅影响进一步的武术训练，而且给今后日常生活带来不便。因此，必须及时正确诊断和治疗臀中肌损伤。

诊断：臀中肌损伤患者多有腰背部损伤史或受凉史，一侧腰臀部刺痛，痠痛，撕裂样痛。急性期疼痛剧烈，下肢牵扯痛多过膝，起坐困难多不能直接站立，需要人搀扶或扶持其他支撑物方可站立。在疼痛侧的髂嵴中点直下3～4厘米处的软组织内可触及一滚动高起的绳索样物，触压时患者痛、胀、麻难忍。细心触摸时，可触到滚动物原位沟痕，下肢直腿抬高受限，无神经根性本征。推拿治疗臀中肌伤，实用方便，效果特好。

推拿方法：患者俯卧式或侧卧位以舒适为宜，术者站在患侧。

（1）分拨手法：左手拇指端外侧缘压于痛点上端髂嵴中点处，以起固定作用，右手拇指端外侧缘从左手拇指固定处开始与肌纤维方向垂直行左右分拨，向下直过痛处。

理筋手法:右手拇指指腹顺肌纤维走向平压,整复理顺软组织。

(2)镇痉止痛手法:用手掌或小鱼际平稳,一轻一重静压痛区,每种手法反复操作三遍,一次约3分钟,操作时手法要准确,用力适当(以患者耐受为主),大多数患者经推拿一次疼痛立即消失,或短期内轻松舒适,隔日再施推拿。

药物治疗:参考大腿肌肉拉伤的治疗法。

六、胸肋腹伤救治

在武术运动中，常与人交手切磋，打中击伤在所难免。练习中方法不当，憋气努力，使气郁壅滞于胸肋之间，不得消散，至令脉络阻塞，引起胸胁疼痛，胀满不舒，干咳，食欲减退，失眠等一系列临床症状，若伤及脉络，则见咯血，一般称之为迸伤。跳跃捶胸，闪挫举重，劳欲愤怒皆易伤及胸肋腹部。胸腔内乃五脏六腑之位，一旦不慎击伤，应及时医治，否则会留下隐患，久而不治，不但不能再训练武术，日常生活也会带来很大困难。

胸肋腹部损伤初期，可用按摩配药物治疗。

（一）胸肋伤治疗

1.按摩疗法

按摩治疗胸部迸伤可立见功效。治病时患者取坐位，医者先用手掌轻揉胸胁及肩背患处，再用拇指点按章门、期门、大包、膻中、日月等穴，以解除肌肉痉挛。然后，医者站于患侧（以右侧为例），右前臂自前向后插在患者右腋下，以右臂向上提拉肩部，将错位的胸廓关节和痉挛的肌肉理顺。嘱患者用力大口吸气，医者随即用左掌根部叩击右胸背侧患处一次，再令患者作深呼吸数次，则疼痛可以消失或明显减轻，最后医者双手分别置于患者胸、背侧做旋转轻揉，结束手法。

2.药物疗法

首先用药酒（参见“关节损伤救治”中的伤筋药酒）进行外搽按摩。每天三次。然后，用红糖250克，豆腐500克，河水（即长流水）500克。先将河水倒入锅内，再把豆腐切成小块与红糖同放入锅内炖煮约40分钟，取出趁热服用。在用“药”的6个小时内，不可吃其他食物。1～3次即可痊愈。

同时，亦可配合内服中药，佛香通络汤。

制香附15克，红花汁炙枳壳、当归、瓜蒌皮各12克，川芎、橘络、降香各6克，生地、佛手花、赤芍、郁金、路路通各9克，苏木7克。

加减法：胸痛较剧加制乳没各4.5克，粟壳9克。胁痛较剧加玄胡9克，胆南星7.5克，胸胁胀满较剧去生地、苏木，加柴胡、薤白、青皮各6克，白蔻壳4.5克，干咳加百合12克，川贝7.5克，桃仁9克，食欲减退加白蔻仁4.5克，山楂9克，失眠加合欢皮、夜交藤各12克，淤血内阻，胸胁刺痛去佛手花、橘络，加三七3克，血竭4.5克，王不留行7.5克，泽兰9克，咯血去苏木、赤芍、川芎、加茅根30克，花蕊石15克，血余炭12克，炙百合9克，侧柏炭10克。

（二）腹上治法论

伤损腹痛之症，如大便不通，按之痛甚者，淤血在内也，用加味承气汤下之；既下而痛不止，按之仍痛，淤血未尽也，用加味四物汤补而行之；若腹痛按之反不痛者，血气伤也，用四物汤加参、芪、白术，补而和之；若下而胸胁反痛，肝血伤也，用四物汤加参术补之；既下而恶寒，阳气伤也，用十全大补汤补之；既下而恶寒发热者，气血伤也，用八珍汤补之；下而欲呕者，胃气伤也，用六君子汤加当归补之；下而泄泻者，脾肾伤也，用六君子汤加肉果，补骨脂补之；若下后手足俱冷，昏愦出汗，阳气虚寒也，急用参附汤；若吐泻而手足俱冷，指甲青者，脾肾虚寒之甚也，急用大剂量参附汤；口噤、手撒、遗尿、痰盛，唇青体冷者，虚极之坏症也，急用大剂量参附汤，多有得生者；伤损而少腹引阴茎作痛者，乃淤血不行，兼肝经郁火所致。宜用小柴胡汤加大黄、黄连、山栀服之。待痛势已实，再用养血之剂，自无不愈也。此病若误认为寒证而投以热药，重则必危，轻则损目，医者慎之。

七、出血诸症救治

在武术训练与实战中，很容易发生出血症状，按其出血的症状来看，可分外伤出血和内伤出血。外伤出血多以擦伤皮肉和撕裂、刀枪伤，出血较急但易治；内伤出血主要是伤及脏腑，伤势必然在治疗上要相对难一些。

（一）外伤出血

外伤出血，必须立即止血，这是防止出血过多，气血虚脱而晕厥，以及伤口感染的重要措施。

（1）微细血管止血：血液从创面渗出，轻微者可自行凝固而止。若流血不止者，可用止血药粉敷于创口，再以纱布或棉垫较紧的包扎。重者往往需要手术结扎止血，急救时可在出血处扎止血带。

（2）动脉出血：出血颜色鲜红，喷射而出，急如泉水，如不及时止血则有生命危险。急救时应立即以手指用力按压于创口的上端，再用止血带扎紧，再行血管结扎后包扎，敷以药膏，内服消炎止痛药。

创口较深，破损面积大时，就要先用酒精消毒冲洗，止血缝合，然后外敷干纱布，内服消炎止痛药，补益气血之药剂。

方药：

（1）外伤止血散：血竭、人参各30克，三七9克，共研细末，备用。

（2）金创散：石膏（煅）500克，净板松香（水提过）500克，珍珠（豆腐煮过）25克。上三味共研细末，合匀收贮瓷瓶备用。治一切金刃所伤，敷之止血收口，定痛护风。

（3）八宝丹：琥珀、川连、龙骨、象皮、儿茶、轻粉、凤凰衣、血竭各5克，珠子、冰片各1.5克。共研细末备用，生肌有神效。

(4)行气和血汤：郁金、苏梗、青皮、乳香、茜根、泽兰各5克，香附、玄胡各7.5克，归尾10克，木香20克，红花3克。以上各药用清水两碗，煎至一碗，去渣取浓汁，用烧酒一小杯冲服。能行淤、正气、祛邪、止痛、消肿。

（二）内伤出血

内伤出血是因为内脏受伤而引起的出血，由于血液流入胸腔、腹腔或头颅内，患者感伤部疼痛，胀闷，并伴有失血的全身症状；如头昏，口干，心悸，面色苍白，甚至虚脱。当遇到外伤出血时，人们都知道立即止血，身体绝大部分部位出血，这种急救措施是正确的，但亦有不尽然者，头部受伤时若有鼻孔和耳道出血，这样做就会出差错。

武术搏斗中头部受伤可引起鼻孔或耳道出血，是由于颅底骨折所致。耳、鼻和颅腔相隔的颞骨和筛骨是很脆弱的，当头部受到外来暴力时，这些骨骼很容易骨折，引起附近血管破裂，血便从鼻孔或耳道流出。如果此时填塞鼻孔和耳道，虽然外表看来已不出血，但血就会返流到颅腔内，形成颅内血肿，危及生命。

如果遇到头部受伤，并有耳孔或鼻孔出血时，怎么办呢？

首先区分是单纯鼻孔或耳道损伤出血，还是颅底骨折所致的出血。如果发现出血中混有澄清色液体，就说明有脑脊液外流，有颅底骨折的可能。再是，如果从外表看到鼻孔或耳道有伤口，而鼻孔或耳道里只有血而没有脑脊液外流，这说明是单纯鼻孔或耳道损伤。第一种情况不但不能填塞止血，还要保持一定的体位使其外流通畅。比如，左耳道有出血，应该让伤者左耳朝下，即左侧卧位。第二种情况就可立即止血，如果两种情况同时存在，既有里面出血，流出脑脊液，又有外表可看到的伤口，就要以第一种情况为主进行处理，急送医院治疗。

如果遇到击伤胸腹而口吐鲜血者，可以先服童便一碗，以保心脉，再进行药物治疗。

(1)鼻出血：可参照“鼻伤”的治疗法，也可服用“鼻衄神方”。

玄参60克，麦冬90克，生地30克，一日一剂，连服四剂。

(2)吐血急救方：白芍30克，三七0.6克，血余炭9克，栀子炭15克，大黄炭9克、炒白芍9克，马灯草30克。共研细末，每次内服9克，血可止。

（3）小腹伤尿血方：白茅根30克，瞿麦30克，小蓟炭30克，三七0.9克，冬葵子15克，血余炭9克，生甘草6克，加童便一小杯，水煎服，一剂即愈。

（4）大便下血方：生地榆30克，大生地30克，川连9克，葛根30克，连翘30克，甘草6克，槐花炭15克，水煎服，一剂即愈。

（5）伤后血晕方：人参30克，附子9克，水煎服。

（6）伤肺吐血不止方：当归18克，赤芍15克，阿胶12克，白芨9克，红花3克，桔梗8克，炒枳壳12克，三七3克，生地15克，黑荆芥12克，百草霜9克，红糖为引，水煎服，二剂可愈。

又方：人参、天冬、麦冬、款冬花、川贝、桑白皮、金井胶、片枯芩、当归各10克，北五味、炙甘草各5克。上药为末，炼蜜为丸，龙眼核大，每次一丸，灯芯草汤下，治疗气逆咳血，痰中见血。

（7）呕吐黑血方：伤损呕吐黑血者，始因打扑伤损，败血流入胃脘，色黑如豆汁，从呕吐而出也。形气实者，用百合散；形气虚者，加味芎汤。

❶ 百合散：川芎、赤芍、当归、百合、生地、侧柏叶、荆芥、犀角、丹皮、黄芩、黄连、栀子、郁金、大黄各5克，水煎加童便服。

❷ 加味芎汤：川芎、当归、白术、百合（水浸一日）、荆芥各5克，水一盅半，就半盅，煎八分，不拘时服。

注：关于内出血之症，中医典籍早有记载。朱震亨在《丹溪心法》一书中，将其分为吐血，咳血，呕血，衄血，溺血，下血诸类。而伤损之症难以一概而论之，今特录《伤科补要》卷二“治伤第二十六则·损伤出血吐血”一段文字，仅供参考。

伤损之症，或患处，或诸窍出血者。此肝火炽盛，血热错经妄行也。用加味逍遥散；中气虚弱血无所附而妄行，加味四君子汤；中气下陷，补中益气汤；元气内脱，用独参汤加炮姜附子；血蕴于内而呕吐者，四物汤加柴芩；烦劳太过或恼怒气逆，或过服寒毒等药，致伤阳络，则吐血衄血便血；伤阴络，则血积块，肌肉青黑，脏腑亏损，经道失职，急补脾肺二脏自愈；或呕吐黑血者，因打扑伤损，败血流入胃脘，色如豆汁，从呕而出，形实者，用百合散；形虚者，加味芎归汤；或出血过多，脉洪大而虚，重按全无，血虚发热，用当归补血汤；脉细沉微，按之轻弱，此阴盛发热，四君子汤加姜附；或筋惕肉瞤此亾血也，用圣愈汤；发热汗出不止者，血脱也；用独参汤。凡脱亡症，脉实者难治，脉虚者可疗也。